Norbert Becker

Fachdeutsch Technik
Metall- und Elektroberufe

Grundbuch

Hueber

Tonaufnahmen: Tonstudio Dipl. Ing. W. Rank · Radolfzell
Fachliche Beratung bei den Fotoaufnahmen zu den Hörtexten: Jürgen Ritsche und Hansjörg Tag, Berufsschulzentrum Radolfzell, Gewerbliche Schulen
Fotoaufnahmen zu den Hörtexten: Dipl. Ing. Klaus Greis, Carl Duisberg Centrum Radolfzell
Sprecher der Hörtexte: Christel Becker, Eva-Maria Goll, Norbert Becker, Alfred Erb, Klaus Greis
Texte und Abbildungen mit freundlicher Genehmigung der Verlage:
Verlag Europa-Lehrmittel Wuppertal, Deutscher Taschenbuchverlag München, Verlags- und Wirtschaftsgemeinschaft der deutschen Elektrizitätswerke (VWEW) Frankfurt (Main), Hahn & Kolb Stuttgart

CIP-Kurztitelaufnahme der Deutschen Bibliothek

Becker, Norbert:
Fachdeutsch Technik / Norbert Becker. – München [i. e.] Ismaning : Hueber
Grundbd. – 1. Aufl. – 1983.
ISBN 3-19-001290-3

Das Werk und seine Teile sind urheberrechtlich geschützt. Jede Verwertung in anderen als den gesetzlich zugelassenen Fällen bedarf deshalb der vorherigen schriftlichen Einwilligung des Verlags.

1. Auflage

4. 3. | Die letzten Ziffern
1990 89 88 | bezeichnen Zahl und Jahr des Druckes.
Alle Drucke dieser Auflage können, da unverändert, nebeneinander benutzt werden.
© 1983 Max Hueber Verlag · München
Umschlaggestaltung: Planungsbüro Winfried J. Jokisch · Düsseldorf
Druck: Druckerei Auer · Donauwörth
Printed in Germany
ISBN 3-19-001290-3

VORWORT

"FACHDEUTSCH TECHNIK" ist eine Weiterentwicklung des Lehrwerks
"Fachsprache Technik, Metall- und Elektroberufe", das 1978 von der Carl
Duisberg Centren gemeinnützige Gesellschaft mbH (CDC) Köln im Auftrag der
Kraftwerk Union AG und in Zusammenarbeit mit ihr erstellt wurde.

Der unterrichtliche Einsatz des ursprünglichen Lehrwerks in den Fachsprachenklassen der CDC und bei sonstigen Benutzern brachte zahlreiche Rückmeldungen und Verbesserungsvorschläge, so daß in Verbindung mit einer völligen Neubearbeitung die verlagsmäßige Herausgabe beschlossen wurde.
In der jetzigen Form besteht das Lehrwerk aus dem Grundbuch mit Lehrerbuch und je einem Text- und Übungsheft METALLBERUFE und ELEKTROBERUFE.
Zum Grundbuch und zu jedem Text- und Übungsheft gehört eine Cassette mit Hörtexten.

Das Grundbuch basiert auf den gemeinsamen Ausbildungsinhalten der gewerblich-technischen Berufe. Die Text- und Übungshefte sind für die berufsspezifische Differenzierung im Klassenverband, im Kleingruppenunterricht, in der Arbeitsgemeinschaft oder im Selbstlernverfahren gedacht; daher befindet sich der Lösungsschlüssel zu den Übungen im Anhang.

Das Lehrwerk im Überblick:

Das Grundbuch zielt auf die vier Fertigkeiten Sprechen-Hören-Schreiben-Lesen in der für fachsprachliche Kommunikationsbedürfnisse angemessenen Gewichtung und Ausprägung ab. Außerdem werden fachsprachliche Arbeitstechniken mit besonderer Berücksichtigung des Rezeptionsverhaltens sowie grammatische und registertypische Besonderheiten der Fachsprache kognitiv verdeutlicht und eingeübt. In den Text- und Übungsheften liegt das Schwergewicht auf dem Hör- und Leseverständnis, weil Differenzierung und Spezialisierung auf diese Fertigkeiten besonders stark einwirken.

FACHDEUTSCH TECHNIK wurde nicht nur im Auftrag der KRAFTWERK UNION AG (KWU) erstellt, sondern auch in Zusammenarbeit mit Herrn Dr. Richard Wilcox, dem Leiter der KWU-Sprachschulung, konzeptionell und inhaltlich gestaltet. Dafür und für die Genehmigung der verlagsmäßigen Herausgabe sei der KWU herzlich gedankt.

FACHDEUTSCH TECHNIK beruht in seiner jetzigen Form auf zahllosen Rückmeldungen, Änderungswünschen und Gestaltungsvorschlägen, die als Ergebnis mehrjähriger fachsprachlicher Unterrichtserfahrung aus dem Benutzerkreis innerhalb und außerhalb der CDC eingebracht wurden. Für diese wertvollen Anregungen dankt der Autor seinen Kollegen vielmals.

Der großzügigen Abdruckgenehmigung des VERLAGS EUROPA-LEHRMITTEL Wuppertal verdanken der Autor und die Benutzer von FACHDEUTSCH TECHNIK die Chance, die im Lehrwerk angesprochenen Inhalte in der Europa-Fachbuchreihe nachzulesen, zu vertiefen und zu erweitern. Auch der Verlags- und Wirtschaftsgesellschaft der Elektrizitätswerke (VWEW) mbH Frankfurt (Main), dem Deutschen Taschenbuchverlag München und der Firma Hahn & Kolb Stuttgart sei für die erteilten Abdruckgenehmigungen gedankt.

Ein Wort des Dankes gilt auch den gewerblichen Schulen im Berufsschulzentrum Radolfzell, wo mit Unterstützung der Gewerbeschulräte Dipl.Ing. Herbert Huber, Jürgen Ritsche und Hansjörg Tag die Fotoaufnahmen zu den Hörtexten durchgeführt wurden.

Inhaltsverzeichnis

		Seite
Lerneinheit 1: Die Bewegung		7 – 15
A	Abbildungen, Formeln, Abkürzungen, Inhaltsverzeichnis	7 – 9
B	Lesetext: Geradlinige und kreisförmige Bewegung	9 – 11
C	Hörtext: Durchschnittsgeschwindigkeit	11 – 12
D	Angaben zu Entfernungen und Strecken	12
E	Entfernungen ausdrücken	13
F	Fachrechnen	13 – 14
G	Zum Lernen und Üben	15
Lerneinheit 2: Die Energie		16 – 28
A	Elektrizitätsgewinnung aus Wasserkraft	16 – 17
B	Kursorisches Lesen	17 – 18
C	Hörtext: Die Umwandlung einer Energieform in die andere	18 – 20
D	Die erweiterte Partizipialstruktur	20 – 22
E	Einfache Definitionen	22 – 23
F	Orientierendes Lesen	23 – 27
G	Zum Lernen und Üben	27 – 28
Lerneinheit 3: Chemische Grundlagen		29 – 38
A	Die Elemente	29 – 30
B	Textproduktion nach einem Modell	30 – 31
C	Selektives Lesen	31 – 33
D	Hörtext: Legierungen	34 – 35
E	Wichtige Strukturen:Definitionen	35 – 36
F	Definitionen mit Oberbegriff und näheren Angaben	36 – 37
G	Zum Lernen und Üben	38
Lerneinheit 4: Die elektrische Spannung		39 – 50
A	Verfahren der Spannungserzeugung	39 – 40
B	Kurztexte zum Lesen	40 – 41
C	Konditionalsatz ohne Konjunktion	42 – 43
D	Hörtext: Das galvanische Element	43 – 45
E	Verformelung als Textverständnishilfe	46 – 47
F	Die Korrelierung	48 – 49
G	Zum Lernen und Üben	49 – 50
Lerneinheit 5: Die Herstellung und Verwendung von Kunststoffen		51 – 61
A	Charakterisierung der Kunststoffe	51
B	Die Kunststoffsynthese	51 – 52
C	Definitionen	53
D	Hörtext: Polyäthylen	53 – 55
E	Ableitungen auf -bar	55 – 57
F	Fachtexte auf bestimmte Fragestellungen hin überprüfen	57 – 60
G	Regel und Ausnahme	60 – 61
H	Zum Lernen und Üben	61

LERNEINHEIT 6: DER ELEKTRISCHE STROM — 62 – 74

- A Der elektrische Stromkreis — 62 – 63
- B Schaltzeichen — 64
- C Zusammengesetzte Substantive — 65
- D Die Wirkungen des elektrischen Stromes — 66 – 67
- E Hörtext: Grundbegriffe der Elektrotechnik — 68 – 69
- F Die Korrelierung — 69 – 70
- G Textproduktion nach einem Modell — 70 – 71
- H Ober- und Unterbegriff in Definitionen — 71 – 72
- I Zusammengesetzte Substantive — 73
- K Zum Lernen und Üben — 74

LERNEINHEIT 7: DER MAGNETISMUS — 75 – 84

- A Grundbegriffe des Magnetismus — 75
- B Text, Abbildung, Bildunterschrift, Verformelung — 76 – 77
- C Versprachlichung von Tabellen — 77 – 79
- D Hörtext: Der Gleichstrommotor — 79 – 80
- E Übereinstimmung und Unterschied — 81 – 83
- F Partizipialstruktur — 83
- G Zum Lernen und Üben — 84

LERNEINHEIT 8: GRUNDLAGEN DER MEßTECHNIK — 85 – 96

- A Basiseinheiten — 85
- B Das Dreheisenmeßwerk — 86
- C Abgeleitete Einheiten — 87 – 88
- D Elektrische Meßwerke — 88 – 89
- E Ursache und Wirkung — 89 – 91
- F Hörtext: Der Meßschieber — 92 – 93
- G Arbeitsregeln in der Längenprüftechnik — 93 – 94
- H Zusammengesetzte Substantive — 95
- I Zum Lernen und Üben — 96

LERNEINHEIT 9: ELEKTROCHEMIE — 97 – 107

- A Korrosionsneigung und Korrosionsbeständigkeit — 97
- B Versuchsbeschreibung — 98
- C Paraphrasieren — 98 – 99
- D Mündliche und schriftliche Textproduktion — 99 – 100
- E Korrosionsverhalten verschiedener Werkstoffe — 101 – 102
- F Hörtext: Die interkristalline Korrosion — 102 – 103
- G Einen Text anhand einer Abbildung erklären — 104 – 105
- H Galvanisieren — 105 – 106
- I Zum Lernen und Üben — 106 – 107

LERNEINHEIT 10: MASCHINEN UND MASCHINENTEILE — 108 – 119

- A Systematik der Maschinen — 108 – 110
- B Bewegungen an Werkzeugmaschinen — 110 – 111
- C Kraftübertragungselemente — 112 – 114
- D Verwendungszweck — 114 – 116
- E Hörtext: Entdecker und Erfinder — 116 – 118
- F Zum Lernen und Üben — 118 – 119

ALPHABETISCHES REGISTER — 120 – 126

QUELLENVERZEICHNIS — 127

1

Die Bewegung

A Abbildungen, Formeln, Abkürzungen, Inhaltsverzeichnis

Übung 1

Vergleichen Sie bitte die Abbildungen und Formeln auf der linken Seite mit dem Inhaltsverzeichnis rechts!

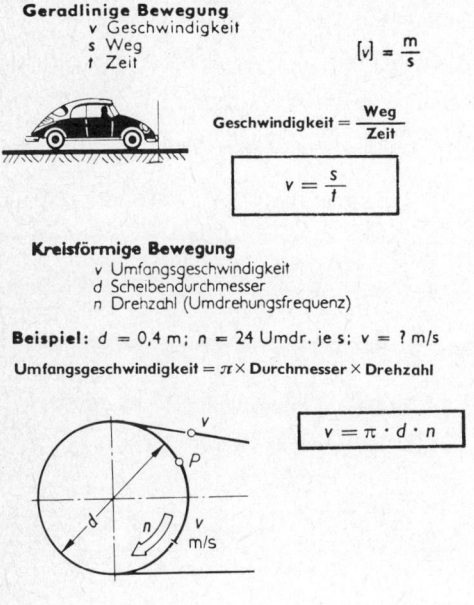

Geradlinige Bewegung
v Geschwindigkeit
s Weg
t Zeit

$[v] = \dfrac{m}{s}$

Geschwindigkeit $= \dfrac{Weg}{Zeit}$

$v = \dfrac{s}{t}$

Kreisförmige Bewegung
v Umfangsgeschwindigkeit
d Scheibendurchmesser
n Drehzahl (Umdrehungsfrequenz)

Beispiel: $d = 0{,}4$ m; $n = 24$ Umdr. je s; $v = ?$ m/s

Umfangsgeschwindigkeit $= \pi \times$ Durchmesser $\times$ Drehzahl

$v = \pi \cdot d \cdot n$

1	**Grundlagen**	
1.1	Physikalische Grundlagen...........	7
1.1.1	Physikalische Größen...........	7
1.1.2	Allgemeine Eigenschaften d. Körper	8
1.1.3	Bewegungslehre	10
1.1.4	Lehre von den Kräften	12
1.1.5	Arbeit, Energie, Leistung und Wirkungsgrad	15
1.1.6	Einfache Maschinen...........	17
1.1.7	Schiefe Ebene	21
1.1.8	Reibung...................	22
1.1.9	Druck, Mechanische Spannung (Festigkeit)..................	23
1.1.10	Druck in Flüssigkeiten und Gasen..	25
1.1.11	Wärmetechnik	28
1.2	Elektrotechnische Grundlagen	35
1.2.1	Grundbegriffe	35
1.2.2	Wirkungen des elektrischen Stromes...................	36
1.2.3	Stromarten	36
1.2.4	Verbraucher im Stromkreis	37
1.2.5	Leitungen und Sicherungen......	39
1.2.6	Magnetismus................	39
1.2.7	Erzeugung elektrischer Energie ...	40
1.2.8	Elektromotoren	42
1.2.9	Fehler an elektrischen Anlagen und Schutzmaßnahmen........	44
1.2.10	Allgemeine Hinweise für den Umgang mit Elektrogeräten	47
1.3	Chemische Grundlagen............	49
1.3.1	Grundstoffe.................	49
1.3.2	Chemische Verbindungen	52
1.3.3	Gemenge..................	55
1.3.4	Wichtige Grundstoffe und ihre Verbindungen.........	57
1.3.5	Säuren, Basen, Salze...........	60
1.3.6	Luft......................	62
1.3.7	Wasser	63

a. In welchen Kapiteln wird Ihrer Meinung nach die geradlinige und kreisförmige Bewegung behandelt?

b. Welche Themen des Inhaltsverzeichnisses passen zu Ihrem Beruf, Fortbildungsvorhaben oder Studienfach?

ÜBUNG 2

Abkürzungen und Einheiten

a. Mit welchem Buchstaben wird der Weg abgekürzt?
b. Mit welchem Buchstaben wird die Zeit abgekürzt?
c. Mit welchem Buchstaben wird die Geschwindigkeit abgekürzt?
d. Werden Weg, Zeit und Geschwindigkeit mit Großbuchstaben oder mit Kleinbuchstaben abgekürzt?
e. Mit welchem Buchstaben wird die Drehzahl abgekürzt?
f. Mit welchem Buchstaben wird die Umfangsgeschwindigkeit abgekürzt?
g. Mit welchem Buchstaben wird der Scheibendurchmesser abgekürzt?
h. In welcher Einheit wird die Drehzahl ausgedrückt?
i. In welcher Einheit werden der Weg und der Kreisbahndurchmesser ausgedrückt?
k. In welcher Einheit wird die Geschwindigkeit ausgedrückt?
l. Mit welchem Buchstaben ist der Punkt auf dem Kreisumfang beschriftet?

ÜBUNG 3

Wenn Sie die Übungen 1 und 2 gemacht haben, müßten Sie die untenstehenden Begriffe verstehen und daraus zusammengesetzte Begriffe bilden können und verstehen.

| Durchschnitt, Geschwindigkeit, Drehzahl, Kreis(bahn), Umfang, Durchmesser |

die Durchschnitts.................   Kreis............................
die Durchschnitts.................   Kreis(bahn)......................
                Umfangs.......................

ÜBUNG 4

Bitte sprechen und schreiben Sie!

a. Die Abkürzung für den Weg lautet ....
b. Die Abkürzung für die Zeit ....
c. .... v.
d. .... d.
e. .... n.

f. Die Einheit für die Geschwindigkeit lautet ....

g. .... m.

h. .... s.

B LESETEXT: DIE GERADLINIGE UND KREISFÖRMIGE BEWEGUNG

Bitte lesen Sie zuerst die Fragen und Aufgaben und dann erst den Text!

1.1.3 Bewegungslehre
1.1.3.1 Geradlinige Bewegung

Legt ein Kraftfahrzeug eine Strecke von 120 km in 2 Stunden zurück, so beträgt seine Durchschnittsgeschwindigkeit $v = \frac{120\,km}{2\,h} = 60$ Kilometer durch Stunde = 60 km/h (**Bild 10/1**). Es ist also

Geschwindigkeit = $\frac{\text{Weg}}{\text{Zeit}}$ $\boxed{v = \frac{s}{t}}$

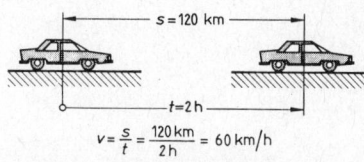

Bild 10/1: Geradlinige Bewegung

Unter Geschwindigkeit versteht man den in der Zeiteinheit zurückgelegten Weg.

Für die Geschwindigkeit benutzt man verschiedene Einheiten. So läßt sie sich im obigen Beispiel auch in Meter durch Sekunde (m/s) ausdrücken.

Tabelle	Beispiele für Geschwindigkeiten
Elektromagnetische Wellen (Lichtgeschwindigkeit)	300 000 km/s
Kraftfahrzeuge (Reisegeschwindigkeit)	60...120 km/h
Schnittgeschwindigkeit beim Drehen von Stahl	10...300 m/min
Schall in der Luft	333 m/s

1.1.3.2 Kreisförmige Bewegung

In der Technik spielt die kreisförmige Bewegung eine sehr große Rolle (Riemenscheiben, Zahnräder, Schleifscheiben).

Die Drehzahl (Drehfrequenz) n gibt die Anzahl der Umdrehungen in der Zeiteinheit, z. B. Minute, an.

Drehzahl = $\frac{\text{Anzahl der Umdrehungen}}{\text{Zeit}}$ $\boxed{n = \frac{z}{t}}$

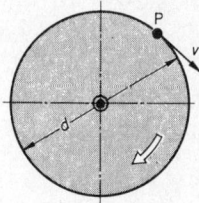

Bei einer Umdrehung legt der Punkt P des Umfangs den Weg $\pi \cdot d$ zurück (**Bild 10/2**). In einer Minute, also nach n Umdrehungen, ist sein Weg n-mal so groß. In einer Sekunde legt er $^1/_{60}$ dieser Strecke zurück.

Den in der Zeiteinheit vom Punkt P zurückgelegten Weg $\pi \cdot d \cdot n$ nennt man die **Umfangsgeschwindigkeit v**.

Bild 10/2: Kreisförmige Bewegung

Umfangsgeschwindigkeit = $\pi \times$ **Durchmesser** $\times$ **Drehzahl** $\boxed{v = \pi \cdot d \cdot n}$

ÜBUNG 5

Wo finden Sie die folgenden Aussagen:
- (x) nur in den Abbildungen bzw. in der Tabelle
- (y) nur im Text
- (z) im Text und in den Abbildungen bzw. in der Tabelle

?

Bitte kreuzen Sie an!

(X)	(Y)	(Z)	
			a. Die kreisförmige Bewegung spielt in der Technik eine große Rolle.
			b. Umfangsgeschwindigkeit = $\pi \cdot d \cdot n$
			c. Die Geschwindigkeit wird in verschiedenen Einheiten angegeben.
			d. Die Geschwindigkeit elektromagnetischer Wellen beträgt 300 000 km/s.
			e. Die Reisegeschwindigkeit von Kraftfahrzeugen liegt zwischen 60 und 120 km/h.
			f. Der Punkt P beschreibt eine kreisförmige Bewegung.
			g. Unter der Drehzahl versteht man die Anzahl der Umdrehungen in der Zeiteinheit.

ÜBUNG 6

Welche der Wörter aus dem Text bzw. aus der Tabelle
- A kannten Sie schon vor dem Lesen des Textes in derselben Bedeutung?
- B haben Sie jetzt in einer neuen Bedeutung kennengelernt?
- C kannten Sie nicht, haben Sie aber jetzt verstanden?
- D kennen Sie auch jetzt noch nicht?
- E Wodurch haben Sie ein bisher unbekanntes Wort beim Lesen des Textes verstanden?

	A	B	C	D	E
Geschwindigkeit					
Weg					
Umdrehung					
Einheit					
Welle					

Schall			
Umfang			
Drehen			
Strecke			
zurücklegen			
Drehzahl			
Durchschnitt			

C HÖRTEXT

ÜBUNG 7

Bitte beantworten Sie die Fragen a. bis c. gleich nach dem ersten Hören!

a. Wovon handelt der Text?
b. Was wollen die beiden Personen wissen?
c. Finden die beiden Personen das gesuchte Ergebnis?

Bevor Sie den Text zum zweitenmal hören, lesen Sie bitte die restlichen Fragen und Aufgaben!

d. Welche Größe wird gesucht?
e. Welche Größen sind gegeben?
f. Wie groß sind die gegebenen Größen?

g. Welche Einheiten haben die gegebenen Größen?
h. Welche Einheit hat die gesuchte Größe?
i. Bitte demonstrieren Sie die Rechenoperation!
....
k. Was ist der Unterschied zwischen Geschwindigkeit und Durchschnittsgeschwindigkeit?

D ANGABEN ZU ENTFERNUNGEN UND STRECKEN

ÜBUNG 8

Bitte merken Sie sich die folgenden Strukturen und üben Sie sie!

eine	Strecke / Entfernung	zurücklegen

Ein Fahrzeug *legt* eine Strecke *zurück*.

Für Maßangaben: *beträgt/betragen*		
Das Gewicht		1 kg.
Die Entfernung		36 km.
Die Länge	*beträgt*	7 cm.
Die Spannung		220 V.
Die Geschwindigkeit		80 km/h.

ÜBUNG 9

Artikel	Ergänzungen	Partizip	Substantiv
die	in einer Stunde	zurückgelegte	Strecke

Die Durchschnittsgeschwindigkeit eines Fahrzeugs beträgt 50 Stundenkilometer. Wie groß ist die zurückgelegte Strecke?

a. Die in einer Stunde zurückgelegte Strecke beträgt ....km.

b. Die in 2 Stunden zurückgelegte Strecke ....

c. .... 2 1/2 Stunden ....

d. ....

e. ....

Lerneinheit 1

 E Entfernungen ausdrücken

ÜBUNG 10

Bitte geben Sie die Entfernungen zwischen deutschen Städten an!

> Muster: Die Entfernung von .... nach .... beträgt .... Kilometer.

	Berlin	Düsseldorf	Frankfurt	Hamburg	Köln	München	Stuttgart
Berlin	x	572	555	289	567	584	624
Düsseldorf	572	x	232	444	47	621	419
Frankfurt	555	232	x	495	189	395	217
Hamburg	289	444	495	x	439	895	700
Köln	567	47	189	439	x	578	376
München	584	621	395	895	578	x	220
Stuttgart	624	419	217	700	376	220	x

ÜBUNG 11

Bitte drücken Sie anhand der Entfernungstabelle aus, wie lange die Fahrt dauert!

> Muster: Bei einer Durchschnittsgeschwindigkeit von 100 Stundenkilometern legt ein Fahrzeug die Strecke .... in etwa ..... Stunden zurück.

 F Fachrechnen

ÜBUNG 12

Bitte sehen Sie sich die folgenden drei Aufgaben an und entscheiden Sie sich je nach Ihrem Interesse oder Ihrer Fachrichtung für eine!

UMFANGSGESCHWINDIGKEIT/ = UMFANG × DREHZAHL $v = \pi \cdot D \cdot N$
SCHNITTGESCHWINDIGKEIT

a. Bitte berechnen Sie die fehlenden Werte!

	Durchmesser d in mm	Drehzahl n in 1/min	Umfangsgeschwindigkeit v in m/s
A	500	280	?
B	630	400	?
C	320	?	10,56
D	210	?	7,81
E	?	280	5,28
F	?	900	19,80

b. Bitte berechnen Sie die fehlenden Werte!

	Durchmesser d in mm	Drehzahl n in 1/min	Schnittgeschwindigkeit v in m/min
A	70	355	?
B	45	140	?
C	30	?	26,4
D	35	?	9,6
E	?	250	28
F	?	800	88

c. Bitte berechnen Sie die fehlenden Werte!

		Weg s	Zeit	Durchschnittsgeschwindigkeit v
Lastwagen Stuttgart - Ulm	A	94,5 km	2h 12min	? km/h
Eilzug Ulm - Friedrichshafen	B	105 km	? min	75 km/h
Omnibus Freudenstadt - Stuttgart	C	? km	2h 15min	36,8 km/h
Rheinschiff: Bergfahrt Koblenz-Mainz	D	? km	6h 40min	15 km/h
Rheinschiff: Talfahrt Mainz - Bonn	E	170 km	7h 6min	? km/h
Verkehrsflugzeug Frankfurt - London	F	630 km	1h 36min	? km/h
Personenaufzug in einem Fernsehturm	G	150 m	? s	4,0 m/s

GESCHWINDIGKEIT = $\dfrac{\text{WEG}}{\text{ZEIT}}$ $v = \dfrac{s}{t}$

G Zum Lernen und Üben

Fachterminologie

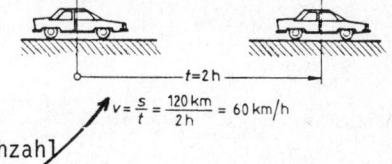

a. Geschwindigkeit = $\dfrac{\text{Weg}}{\text{Zeit}}$ $v = \dfrac{s}{t}$

$v = \dfrac{s}{t} = \dfrac{120\,\text{km}}{2\,\text{h}} = 60\,\text{km/h}$

Umfangsgeschwindigkeit/ Schnittgeschwindigkeit = Umfang x Drehzahl

$v = \pi \cdot d \cdot n$

die | geradlinige / kreisförmige | Bewegung

s der Weg
d der Durchmesser
t die Zeit
n die Drehzahl
v die Geschwindigkeit
AB die Strecke AB

b. v_1 = 70 km/h v_2 = 45 km/h v_3 = 35 km/h

$\dfrac{v_1 + v_2 + v_3}{3} = \dfrac{(70 + 45 + 35)\,\text{km/h}}{3} = 50\,\text{km/h}$

Die | Durchschnittsgeschwindigkeit / durchschnittliche Geschwindigkeit | beträgt 50 km/h.

der Durchschnitt   durchschnittlich

c. die Abbildung/en   die Tabelle/n   die Formel/n   das Inhaltsverzeichnis/se

Zeit	Weg
1 Std	60 km
2 Std	120 km
3 Std	180 km
⋮	⋮

$v = \dfrac{s}{t}$

2.7 Wärmetechnik . . . . . .
2.7.1 Temperatur und Wärme . .
2.7.2 Temperaturmessung . . . . .
2.7.3 Wärmeausdehnung von festen Körpern und Flüssigkeiten .
2.7.4 Wärmeausdehnung der Gase und Verdichtung. . . . . .
2.7.5 Spezifische Wärmekapazität

Strukturen

Verb	Ergänzungen	Verb	, so	Verb	Ergänzungen
Legt	ein ..... eine Strecke in	zurück	, so	beträgt	seine ....

Artikel	Ergänzungen	Partizip	Substantiv	
Die	nach einer Stunde	zurückgelegte	Strecke	beträgt ....

Unterrichtskommunikation

Vergleichen Sie bitte | die | beiden / drei | Abbildungen (c.) | / | die / das | (c.) | mit | der / dem | (c.) | !

Die | Abkürzung / Überschrift / Formel | lautet ....

Die / Der / Das | (a.) wird | in Übung / auf Seite ... / in Kapitel | behandelt.

2

DIE ENERGIE

A ELEKTRIZITÄTSGEWINNUNG AUS WASSERKRAFT

Wasserkraftwerk

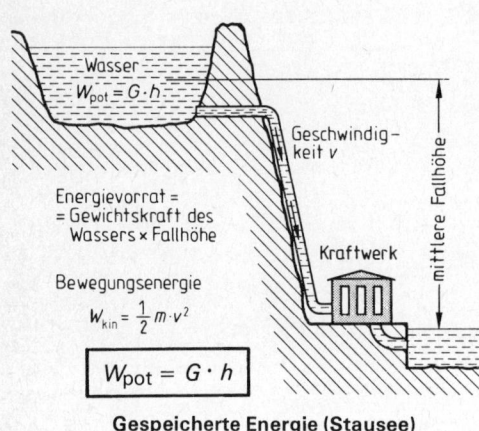
Gespeicherte Energie (Stausee)

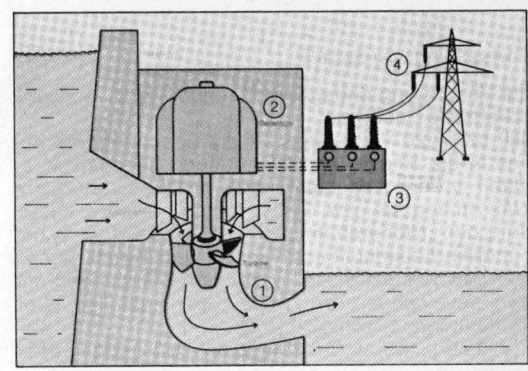
Wasserkraft treibt die Turbine

① Turbine   ③ Transformator
② Generator   ④ Freileitung

ÜBUNG 1

Fragen und Aufgaben zu den
Abbildungen

a. Handeln die obigen Abbildungen von einem Thema aus der
   A Elektrotechnik   B Energiegewinnung
   C Wasserwirtschaft   D Physik
   E Hydrologie   F Trinkwassergewinnung?

b. Welche Fachbegriffe erscheinen in den Abbildungen?
   A .... B ....
   C .... D ....
   E .... F ....

c. Welche dieser Begriffe verstehen Sie nicht?

   ....

   ....

d. Was bedeuten die Formelbuchstaben?

W_{pot} .... m ....

G .... v ....

W_{kin} .... h ....

e. Bitte beschriften Sie die Abbildungen!

A Transformator   B Turbine   C Stausee   D Staudamm
E Generator   F Freileitung G Rohrleitung H Kraftwerk

f. Welche der in c. als unverstanden bezeichneten Begriffe verstehen Sie jetzt besser?

B Kursorisches Lesen

ÜBUNG 2

Nach einem ersten schnellen Durchlesen der beiden Texte sollen Sie nur die beiden folgenden Fragen beantworten können:

a. Welche der Abbildungen in A gehört zu welchem Text?
b. Welchen Text finden Sie leichter, klarer, interessanter? Bitte begründen Sie Ihre Meinung kurz in der Klasse!

Wasserkraftwerke nutzen die potentielle Energie aufgestauten Wassers. Beim Abfließen zu der tiefer gelegenen Kraftwerksanlage wird diese Energie in Bewegungsenergie umgewandelt. Die Turbine, durch die das Wasser strömt, überträgt die Energie auf einen Generator, der dann elektrische Energie erzeugt. Der Betrag der umgewandelten Energie hängt in erster Linie von der Fallhöhe zwischen Ober- und Unterwasser und der durchfließenden Wassermenge ab. Der Umwandlungsprozeß erfolgt ohne umweltbelastende Abwärme und Schadstoffemission. Ein Laufwasserkraftwerk verarbeitet das Wasserdargebot und kann in den meisten Fällen das ganze Jahr über laufen, es wird deshalb auch als Grundlastkraftwerk bezeichnet.

Das gestaute Wasser eines Bergsees ist in der Lage, mechanische Arbeit zu verrichten. Man sagt, das gestaute Wasser hat ein Arbeitsvermögen; es steckt in ihm ein bestimmtes Maß von mechanischer Energie. Diese Energie kann einer tiefer gelegenen Wasserturbine zugeführt und von dieser nutzbar gemacht werden.

Arbeitsvermögen = Gewichtskraft des Wassers x Fallhöhe

Auch das in Bewegung befindliche Wasser, z.B. eines Flusses, enthält mechanische Energie, die ausnutzbar ist. Im Gegensatz zur Energie der Ruhe W_{pot} (potentielle Energie, z.B. Stausee) spricht man hier von der Energie der Bewegung W_{kin} (kinetische Energie).

ÜBUNG 3

Bitte lesen Sie die beiden Texte jetzt etwas genauer. Die Texte enthalten möglicherweise einige unbekannte Fachwörter.

a. Bitte versuchen Sie, durch Vergleich der Texte mit den Abbildungen folgende Begriffe zu verstehen:

A Oberwasser   B Stausee   C Unterwasser   D Laufwasserkraftwerk

b. Die Texte und Abbildungen enthalten selbst Erklärungen und Definitionen. Wie oder als was werden folgende Begriffe bezeichnet?

A Das Laufwasserkraftwerk wird auch als .... bezeichnet.

B Das Arbeitsvermögen wird in der Formel auch als .... bezeichnet.

C Die gespeicherte Energie eines Stausees wird im Text als .... und in der Formel als .... bezeichnet.

D Die Energie der Ruhe wird auch als .... bezeichnet.

E Die Fähigkeit des gestauten Wassers, Arbeit zu verrichten, wird auch als .... bezeichnet.

C HÖRTEXT

DIE UMWANDLUNG EINER ENERGIEFORM IN DIE ANDERE

ÜBUNG 4

Bitte sehen Sie sich vor dem Hören des Textes das Foto und die Tabelle in Ruhe an. Versuchen Sie beim Hören, den Inhalt des Textes in der Tabelle mitzuverfolgen!

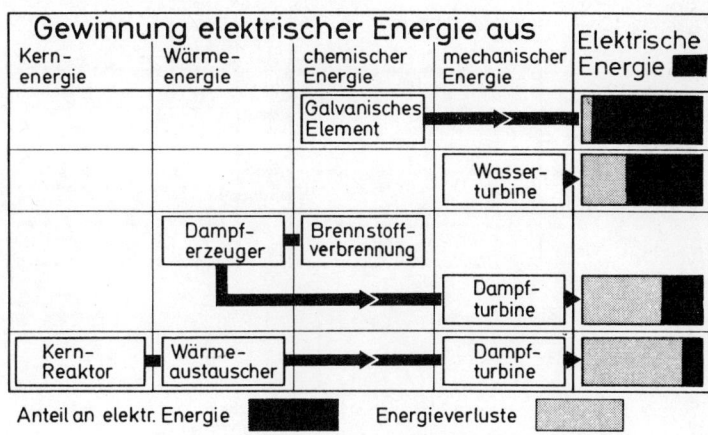

Gewinnung elektrischer Energie

a. Wieso sind die Begriffe "Erzeuger" und "Verbraucher" eigentlich falsch?
Antwortmuster:

| Der Begriff | "Erzeuger" "Verbraucher" | ist eigentlich falsch, weil man Energie eigentlich nicht ...., sondern nur ....kann. |

b. Wieso ist der Begriff "Energieverlust" eigentlich falsch?
c. Welcher richtigere Begriff anstelle von "Erzeuger" und "Verbraucher" wird vorgeschlagen?
Antwortmuster:

| Der Erzeuger wird | richtiger als .... | bezeichnet |
| Den Verbraucher bezeichnet man | | - |

ÜBUNG 5

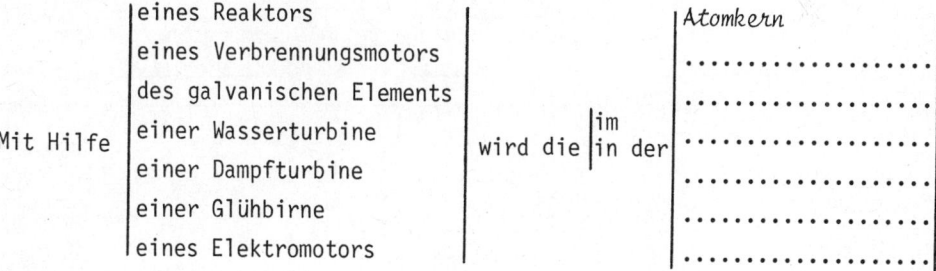

gespeicherte	Kernenergie	der des	Urans	in

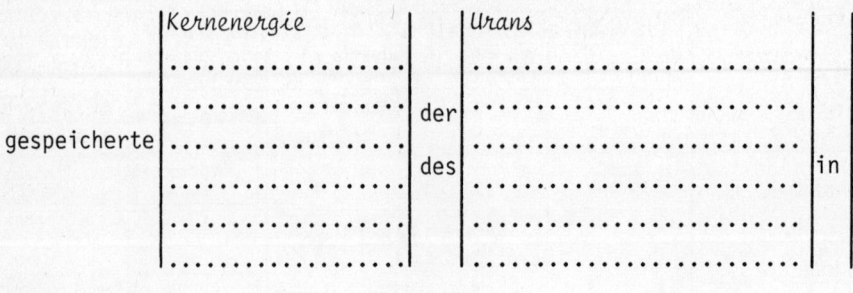

Wärmeenergie	umgewandelt.

D Die erweiterte Partizipialstruktur

(vgl. Lerneinheit 1 Teil D)

Artikel	Ergänzungen	Partizip	Substantiv
die	in bewegten Massen	gespeicherte	kinetische Energie
die	durch Verbrennung der Kohle	gewonnene	Wärmeenergie

Übung 6

Bitte beschreiben Sie die einzelnen Schritte der Energieumwandlung!

Beispiel:

chemische Energie der Kohle ⇒ (durch die Verbrennung) Wärmeenergie ⇒ (mit Hilfe einer Dampfmaschine) Bewegungsenergie der Dampflokomotive

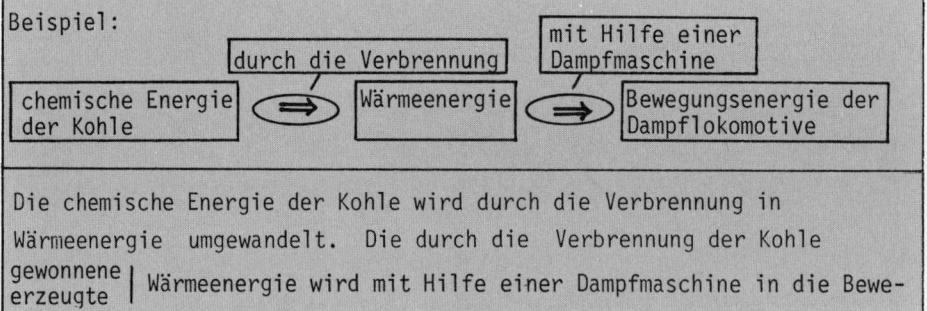

Die chemische Energie der Kohle wird durch die Verbrennung in Wärmeenergie umgewandelt. Die durch die Verbrennung der Kohle gewonnene | erzeugte Wärmeenergie wird mit Hilfe einer Dampfmaschine in die Bewegungsenergie der Dampflokomotive umgewandelt.

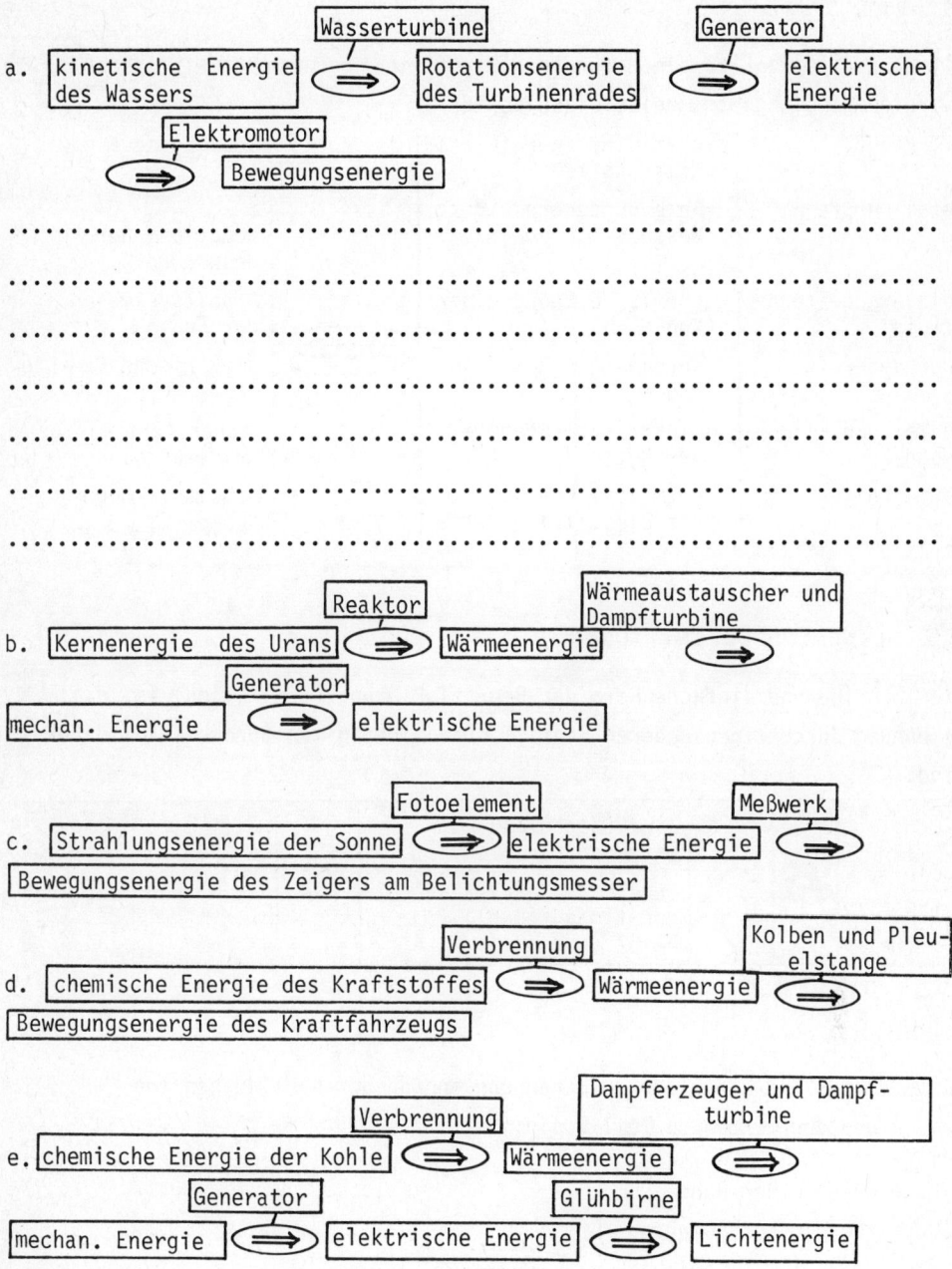

ÜBUNG 7

Bitte beschreiben Sie einen für Ihre Berufsrichtung charakteristischen Energieumwandlungsweg, beispielsweise für

KFZ-Berufe	chemische Energie des Kraftstoffs		Bewegungsenergie des KFZ
Metallberufe	Bewegungsenergie des Wassers		Rotationsenergie des Bohrers
holzverarbeitende Berufe	chemische Energie der Kohle	⟹	Arbeitsvermögen der Fräse
Energieberufe	Kernenergie des Uranatoms		elektrische Energie
Kälte- und Klimatechniker	elektrische Energie des Netzes		mechan. Energie der Kältemaschine
Bautechniker	chemische Energie des Dieselkraftstoffes		Arbeitsvermögen der Planierraupe

E EINFACHE DEFINITIONEN

Eine häufige und einfache Form der Begriffsklärung (Definition) ist die Benennung durch einen anderen Begriff. Die wichtigsten Sprachmittel dafür sind:

Nominativ	passiv	wird (auch) als wird (auch)		bezeichnet genannt	ca. 30% ca. 20%
Akkusativ	aktiv	bezeichnet man (auch) als nennt man (auch)	**B**	- -	ca. 20% ca. 10%
Nominativ		heißt (auch)		-	ca. 5%

(Spalte links: **A**)

ÜBUNG 8

Bitte setzen Sie die klärende Benennung anhand der Abbildungen von Teil A und der Texte von Teil B ein!

a. die Energie der Ruhe ....
b. die Energie der Bewegung ....
c. das Produkt aus Gewichtskraft des Wassers und Fallhöhe   = ...
d. das Laufwasserkraftwerk ....

ÜBUNG 9

Bitte definieren Sie mündlich und schriftlich die Begriffe von Übung 8 nach dem Muster:

Die gespeicherte Energie der Ruhe	*wird als wird bezeichnet man als nennt man heißt*	potentielle Energie	*bezeichnet. genannt.* - - - . . .

a. ....

....

b. ....

....

c. ....

....

d. ....

....

F ORIENTIERENDES LESEN

Bevor Sie mit dem Lesen beginnen, sehen Sie sich bitte zuerst die Fragen und Aufgaben an. Sie können nur ökonomisch lesen, wenn Sie Ihr Ziel kennen.

ÜBUNG 10

Fragen und Aufgaben zur Orientierung im Lesetext

a. Wovon handelt der Text? ....
b. Wie viele Arten von Wärmekraftwerken werden behandelt? ....
c. Wie viele Arten von Wasserkraftwerken werden behandelt? ....
d. Wie ist der Text gegliedert? ....
....
....

Auf den nächsten beiden Seiten finden Sie den Lesetext.

18 Elektrische Anlagen

18.1 Kraftwerke

Für die Bereitstellung elektrischer Energie sind Kraftwerke erforderlich. Man unterscheidet Wärmekraftwerke und Wasserkraftwerke. Bei den Wärmekraftwerken kommen die fossilen Energieträger Braunkohle, Steinkohle, Erdöl und Erdgas sowie der Kernbrennstoff Uran zum Einsatz. In Wasserkraftwerken wird die potentielle Energie des aufgestauten Wassers zum Antrieb der Turbinen benutzt.

18.1.1 Wärmekraftwerke

Je nach Antriebsart der Turbinen unterscheidet man Dampfkraftwerke, Gasturbinenkraftwerke und Dieselkraftwerke.

Dampfkraftwerke (Bild 392/1) erzeugen in einer Kesselanlage überhitzten und hochgespannten Dampf. Diese Wärmeenergie wird in der Dampfturbine in Bewegungsenergie umgewandelt und auf den Generator übertragen. Im Generator entsteht elektrische Energie.

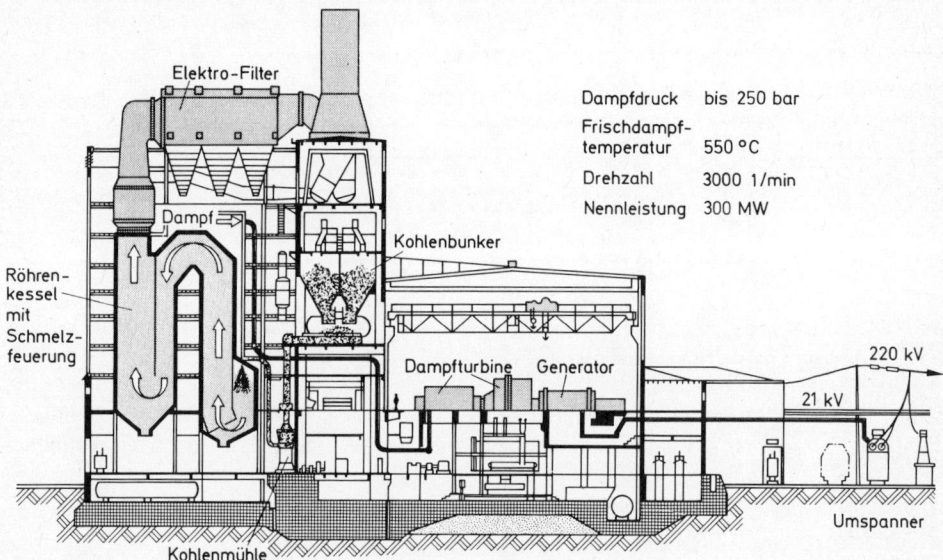

Bild 392/1: Dampfkraftwerk

Die Energieausnutzung wird durch die Grenzen der Natur und der Technik festgelegt. Wärme läßt sich nur zu einem Teil in Bewegungsenergie überführen. Der Rest muß als Abwärme über Kühlsysteme abgeführt werden. Der Anlagenwirkungsgrad von Wärmekraftwerken liegt bei 45%. Die beim Verbrennungsprozeß anfallenden Rückstände Staub, Ruß und SO_2 müssen durch Filteranlagen bzw. Absorptionsanlagen dem Rauchgas weitgehend entzogen werden, damit sich die Schadstoffemission auf ein Mindestmaß reduziert.

In **Kernkraftwerken (Bild 393/1)** liefert spaltbares Uran die Wärmeenergie. Im Innern des dickwandigen Stahl-Druckbehälters befinden sich die Brennelemente. Diese bilden mit den Regelstäben den *Reaktorkern*, auch *Core** genannt. Im Reaktorkern finden die bei der Kernspaltung auftretenden Kettenreaktionen statt. Die Regelstäbe aus Borcarbid oder Cadmium sorgen für einen kontrollierbaren Ablauf der Kettenreaktionen. Als Folge der Kernspaltung erwärmen sich die Brennelemente. Durch den Reaktorkern fließt Wasser, das die Wärme abführt. Nach dem Druck im Reaktorwasser-Kreislauf unterscheidet man *Siedewasserreaktoren* (bis 70 bar) und *Druckwasserreaktoren* (bis 180 bar). Wegen der relativ niedrigen Dampftemperatur (300 °C) ergibt sich ein Anlagenwirkungsgrad von ungefähr 35%.

* core, sprich: kohr, (engl.) = Kern

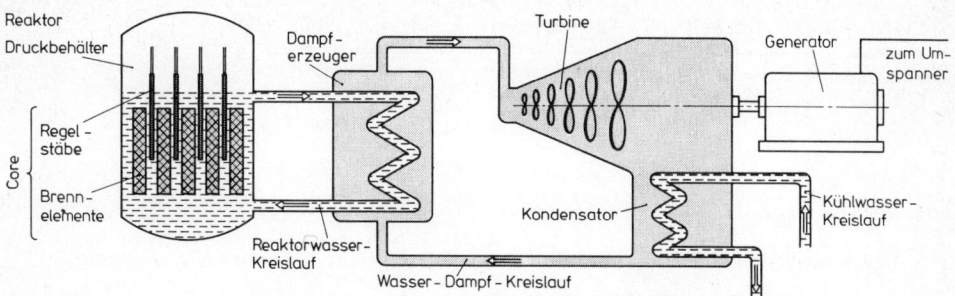

Bild 393/1: Kernkraftwerk mit Druckwasserreaktor

Bei **Gasturbinenkraftwerken** besteht die Wärmequelle aus Verdichter, Brennkammer und Turbine (**Bild 393/2**). Der Verdichter bringt Frischluft auf hohen Druck. Die Frischluft wird in der Brennkammer durch Verbrennen von Erdgas oder leichtem Heizöl auf hohe Temperatur (600 °C) gebracht. Diese energiereiche Luft treibt die Turbine an und damit den Generator. Der Wirkungsgrad von Gasturbinenanlagen beträgt 30%. Diese Anlagen haben den Vorteil, daß sie innerhalb von zwei bis drei Minuten ihre volle Leistung abgeben können.

Dieselkraftwerke werden eingesetzt, wenn es um eine vom öffentlichen Netz unabhängige Versorgung einzelner Verbraucher, wie z. B. von abgelegenen Baustellen und Gebäuden, geht. Der Generator wird von einem Verbrennungsmotor (Dieselmotor) angetrieben. Der Dieselmotor hat große Bedeutung bei den *Ersatzstrom-Versorgungsanlagen* (Seite 412), die z. B. in Krankenhäusern, Industriebetrieben oder Kaufhäusern vom Gesetzgeber vorgeschrieben sind. Der Wirkungsgrad von Dieselkraftwerken beträgt etwa 40%.

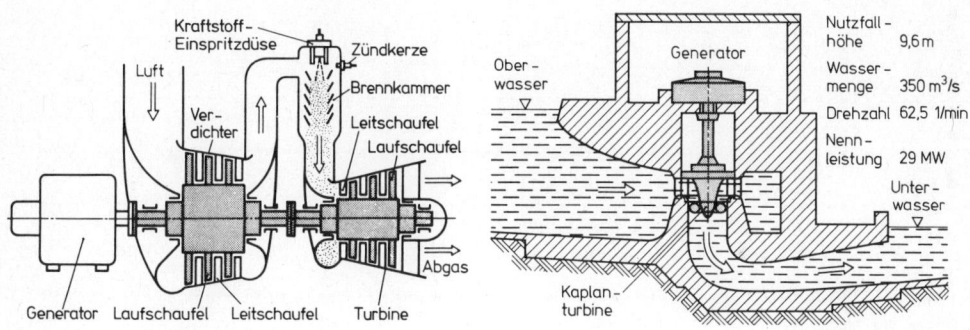

Bild 393/2: Gasturbine   Bild 393/3: Laufwasserkraftwerk

18.1.2 Wasserkraftwerke

Wasserkraftwerke teilt man nach Bauart und Fallhöhe ein. Nach der Bauart unterscheidet man Laufwasserkraftwerke, Speicherkraftwerke, Pumpspeicherkraftwerke und Gezeitenkraftwerke. Nach der Fallhöhe des Wassers unterscheidet man Niederdruckanlagen (bis 25 m), Mitteldruckanlagen (25 m bis 100 m) und Hochdruckanlagen (über 100 m Fallhöhe). Nach der Fallhöheneinteilung werden *Kaplanturbinen* (bei Niederdruckanlagen), *Francisturbinen* (bei Mitteldruckanlagen) und *Freistrahlturbinen* (bei Hochdruckanlagen) eingesetzt. Da Wasserturbinen niedrige Drehzahlen haben, z. B. 62,5 ^{1}/min, treiben sie meist direkt mehrpolige Generatoren an. Teilweise werden die Turbinen über ein Getriebe an den Generator gekoppelt. Der Wirkungsgrad von Wasserkraftwerken beträgt bis 85%.

Fortsetzung der Fragen und Aufgaben zum Lesetext, Übung 10

e. Welche Begriffe in den Abbildungen finden Sie im Text wieder?

....

....

f. Bitte erweitern Sie die nachfolgende Tabelle um Angaben zum Wirkungsgrad von verschiedenen Kraftwerkstypen!

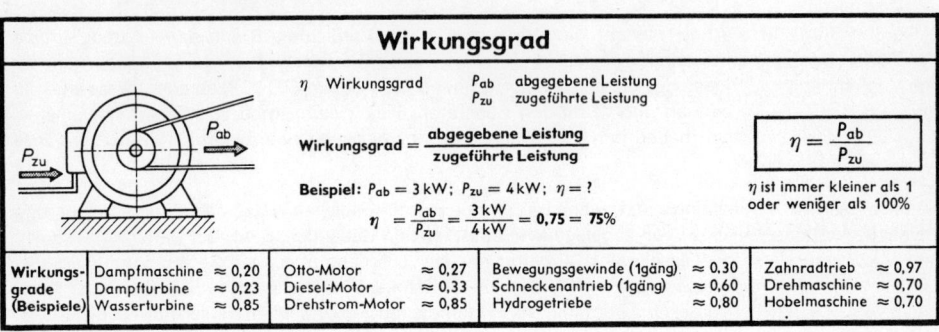

....

....

....

g. Welcher Kraftwerkstyp hat den Vorteil, daß man ihn rasch aus- und einschalten kann? ....

h. Welcher Kraftwerkstyp ist unabhängig von der örtlichen Infrastruktur und sonstigen Bedingungen in beliebiger Größe möglich?
....

i. Bei welchem Kraftwerkstyp ist die Drehzahl der Turbine am niedrigsten?
....

k. Zu welchem Kraftwerkstyp gibt es keine Abbildung?
....

l. Bei welchem Kraftwerkstyp muß besonders viel Wärme abgeführt werden?
....

Lerneinheit 2

ÜBUNG 11

Fragen und Aufgaben zum Detailverständnis des Lesetextes

Bitte entscheiden Sie sich für einen Kraftwerkstyp. Sie sollen nur den Text zu dem ausgewählten Kraftwerkstyp genauer lesen.

Ich interessiere mich für das ....kraftwerk.

a. Wie funktioniert das ....kraftwerk?
....
....

b. Welche besonderen Vorteile und Nachteile bringt es mit sich?
....
....

c. Für welchen Zweck ist es besonders geeignet?
....

d. Welche Schwierigkeiten müssen überwunden werden?
....
....

e. Wie hoch ist der Wirkungsgrad? ....

G Zum Lernen und Üben

Fachterminologie

a.

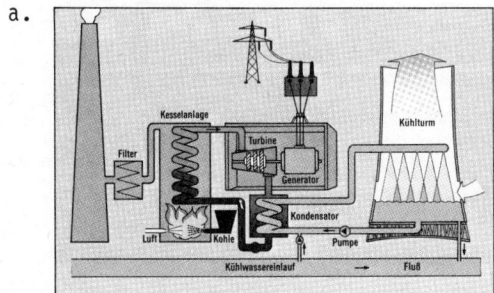

Dampf treibt die Turbine

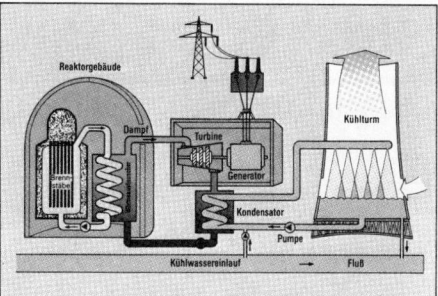

Kernspaltung erzeugt Wärme

b. W_{kin} die Bewegungsenergie   Wärmeenergie
    W_{pot} die |potentielle| Energie Kernenergie
               |gespeicherte| chemische Energie
    (= der Energievorrat)

    G die Gewichtskraft   h die Fallhöhe

$W_{pot} = G \cdot h$ Die ...(W_{pot})... ist das Produkt aus ...(G)... mal ...(h)...
$W_{kin} = \frac{1}{2}mv^2$ Die ...(W_{kin})... ist das Produkt aus ....

c. η der Wirkungsgrad
    P_{ab} die Leistungsabgabe
    P_{zu} die Leistungsaufnahme

$\eta = \frac{P_{ab}}{P_{zu}}$ Der Wirkungsgrad ist der Quotient aus ...(P_{ab})... durch ...(P_{zu})...

Tabelle	Wirkungsgrade (Beispiele)
Verbraucher	Wirkungsgrad
Drehstrommotor 1,1 kW	0,80
Wechselstrommotor 120 W	0,50
Transformator 1 kVA	0,90
Tauchsieder 100 W	0,95
Glühlampe 40 W	0,015

d.

A	B ___ en	C die ___ ung	D der ___ er	E ___ bar
die Energie	erzeugen	Erzeugung	Erzeuger	erzeugbar
die Wärme	umwandeln	Umwandlung	Umwandler	umwandelbar
der Motor	berechnen	Berechnung	-	berechenbar
die Größe	gewinnen	Gewinnung	-	gewinnbar
das Gewicht	messen	Messung	Messer	meßbar
der Stoff	ausschalten	Ausschaltung	Schalter	ausschaltbar
⋮	einschalten	Einschaltung		einschaltbar
	verbrennen	Verbrennung	Brenner	brennbar
	verbrauchen	der Verbrauch	Verbraucher	verbrauchbar
	austauschen	der Austausch	Austauscher	austauschbar
	⋮	⋮	⋮	⋮

STRUKTUREN

| A wird | als / - | B | bezeichnet / genannt | . | A | bezeichnet man als / nennt man / heißt | B | . |

UNTERRICHTSKOMMUNIKATION

(Die Großbuchstaben beziehen sich auf die Tabelle in d.)

[A] wird mit Hilfe eines [AD s] [B].

Die [AC] ist für die Technik wichtig.

[A] ist mit Hilfe eines [AD s] [E].

In der Abbildung erkennt man | eine / einen / ein | (a.) .

3

CHEMISCHE GRUNDLAGEN

A DIE ELEMENTE

Chemische Grundstoffe (Elemente)

Grundstoff	Kurzzeichen	Wertigkeit	rel. Atommasse	Grundstoff	Kurzzeichen	Wertigkeit	rel. Atommasse	Grundstoff	Kurzzeichen	Wertigkeit	rel. Atommasse
Metalle								**Nichtmetalle**			
Aluminium	Al	3	26,98	Natrium	Na	1	22,99	Argon	Ar	0 (Edelgas)	39,95
Antimon	Sb	3, 5	121,75	Nickel	Ni	2, 3	58,71	Arsen	As	3, 5	74,92
Barium	Ba	2	137,34	Palladium	Pd	2, 4	106,40	Bor	B	3	10,81
Beryllium	Be	2	9,01	Platin	Pt	2, 4	195,09	Brom	Br	1, 3, 5, 7	79,91
Blei	Pb	2, 4	207,19	Plutonium	Pu	3, 4, 5, 6	244	Clor	Cl	1, 3, 5, 7	35,45
Calcium	Ca	2	40,08	Quecksilber	Hg	1, 2	200,59	Fluor	F	1	19,00
Cadmium	Cd	2	112,40	Radium	Ra	2	226	Helium	He	0 (Edelgas)	4,00
Chrom	Cr	2, 3, 6	52,00	Silber	Ag	1, 2	107,87	Jod	J	1, 3, 5, 7	126,90
Eisen	Fe	2, 3, 6	55,85	Strontium	Sr	2	87,62	Kohlenstoff	C	2, 4	12,01
Germanium	Ge	2, 4	72,59	Tantal	Ta	5	180,95	Krypton	Kr	0 (Edelgas)	83,80
Gold	Au	1, 3	196,97	Thorium	Th	4	232,04	Neon	Ne	0 (Edelgas)	20,18
Iridium	Ir	3, 4	192,20	Titan	Ti	2, 3, 4	47,90	Phosphor	P	3, 5	30,97
Kalium	K	1	39,10	Uran	U	3, 4, 5, 6	238,03	Sauerstoff	O	2	16,00
Kobalt	Co	2, 3	58,93	Vanadium	V	2, 3, 4, 5	50,94	Schwefel	S	2, 4, 6	32,06
Kupfer	Cu	1, 2	63,54	Wismut	Bi	3, 5	208,98	Selen	Se	2, 4, 6	78,96
Magnesium	Mg	2	24,31	Wolfram	W	2, 3, 4, 5, 6	183,85	Silicium	Si	4	28,09
Mangan	Mn	2, 3, 4, 6, 7	54,94	Zink	Zn	2	65,37	Stickstoff	N	1, 2, 3, 4, 5	14,01
Molybdän	Mo	3, 4, 6	95,94	Zinn	Sn	2, 4	118,69	Wasserstoff	H	1	1,01

ÜBUNG 1

Bitte geben Sie die Wertigkeit anhand der Tabelle an!

Muster: Natrium ist ein einwertiges Metall.

a. K : Kalium ist ....
b. Ag : ....
c. H : .... Gas.
d. S : .... Nichtmetall.
e. Pb : ....
f. C : ....
g. Fe : ....

ÜBUNG 2

Bitte charakterisieren Sie anhand der Tabelle die Elemente!

Muster: Natrium ist ein Metall. Seine Wertigkeit beträgt eins.

a. C : ....
b. Sn : ....
c. O : ....
d. Cu : ....
e. Ca : ....

ÜBUNG 3

Bitte charakterisieren Sie die Elemente anhand der Tabelle!

Muster: S   : Schwefel ist ein Nichtmetall. Seine Wertigkeit beträgt zwei oder vier.
P und N : Phosphor und Stickstoff sind Nichtmetalle. Ihre Wertigkeit beträgt drei.

a. Pb und Sn : ....
....

b. S und C : ....
....

Cl : ....
....

d. Ca und Pb : ....
....

B TEXTPRODUKTION NACH EINEM MODELL

Der Text hat folgende Teile: Definition der Synthese, Bedeutung der Synthese, Definition der Analyse, Erklärung der Elektrolyse mit Beispiel, Gleichung.

---

1 Synthese, Analyse

Unter Synthese versteht man das Herstellen einer chemischen Verbindung aus den Grundstoffen (Elementen). Die Erzeugung synthetischer Stoffe, z.B. der Kunststoffe, ist eine der Hauptaufgaben der chemischen Indu-
5 strie.
Die Zerlegung einer chemischen Verbindung in ihre Elemente nennt man Analyse. Erfolgt die Analyse mit Hilfe des elektrischen Stromes, so spricht man von Elektrolyse. So kann z.B. Wasser durch Elektrolyse in die beiden Elemente Wasserstoff und Sauerstoff zerlegt werden.
10 Synthese und Analyse sind chemische Vorgänge. Sie lassen sich durch chemische Gleichungen darstellen.

Beispiel einer Synthese: Beispiel einer Analyse:

H_2 + Cl_2 ⟶ 2 HCl   2 NH_3 ⟶ N_2 + 3 H_2
Wasserstoff Chlor Chlorwasserstoff   Ammoniak Stickstoff Wasserstoff

ÜBUNG 4

Bitte schreiben Sie einen Text über Oxidation und Reduktion! Nehmen Sie den Text auf der vorigen Seite über Synthese und Analyse als Muster!
Hier noch eine Hilfe:

Oxidation: Verbrennen von Schwefel	Reduktion des Eisenerzes
$2\ S\ +\ 2\ O_2 \longrightarrow 2\ SO_2$ Schwefel Sauerstoff Schwefeldioxid	$Fe_2O_3\ +\ 3\ CO \longrightarrow 2\ Fe + 3\ CO_2$ Eisenoxid Kohlenmonoxid Eisen Kohlendioxid

Ihr Text:

Unter Oxidation ....

....

....

....

....

....

....

C SELEKTIVES LESEN

ÜBUNG 5

Bitte lesen Sie den folgenden Text und achten Sie dabei auf die Definitionen der Begriffe:

Gemenge, Lösung, Lösungsmittel, Destillation, Dispersion, Suspension Emulsion, Legierung

1.3.3 Gemenge

Man kann verschiedene Stoffe in beliebigen Mischungsverhältnissen miteinander vermengen. Das dabei entstehende Gemenge ist im Gegensatz zu einer chemischen Verbindung jedoch kein neuer Stoff. Die Eigenschaften eines Gemenges sind von der Art und Menge der miteinander vermischten Stoffe abhängig.

Beispiele: Luft ist ein Gemenge aus verschiedenen Gasen. Beim Entfetten von Metallteilen mit Benzin entsteht ein Benzin-Öl-Gemenge.

Ein Gemenge läßt sich mit **physikalischen** Verfahren in seine Ausgangsstoffe trennen, z.B. durch magnetisches Trennen, durch Filtrieren oder durch Absitzenlassen.

Bei den Gemengen unterscheidet man Lösungen, Legierungen und Dispersionen.

1.3.3.1 Lösungen

Zahlreiche feste, flüssige und gasförmige Stoffe lassen sich in einer Flüssigkeit so fein verteilen, daß nur noch Einzelmoleküle vorhanden sind. Solch ein Gemenge nennt man eine Lösung **(Bild 56/1)**. Die Flüssigkeit bezeichnet man als Lösungsmittel.

Eine bestimmte Menge Lösungsmittel kann bei einer bestimmten Temperatur nur eine begrenzte Menge eines Stoffes lösen. Ist dieser Zustand erreicht, ist die Lösung *gesättigt*. Eine annähernd gesättigte Lösung bezeichnet man als *konzentriert*, eine vom Sättigungszustand weiter entfernte Lösung als *verdünnt*.

Der Lösungsvorgang läßt sich durch Zerkleinern des zu lösenden Stoffes sowie durch Umrühren und Erwärmen der Lösung beschleunigen.

Beispiele: Galvanische Bäder sind Lösungen von Metallsalzen in Wasser. Für das Schweißen ist in den Acetylenflaschen das gasförmige Acetylen in dem flüssigen Aceton gelöst.

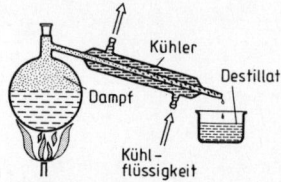

○ Lösungsmittelmoleküle
● Moleküle des gelösten Stoffes

Bild 56/1: Lösung (schematisch)

Gelöste feste Stoffe können aus Lösungen durch Verdampfen bzw. Verdunsten des Lösungsmittels ausgeschieden werden, z. B. Kochsalz aus einer Salzlösung (Meersalzgewinnung).

Zur Trennung von zwei ineinander gelösten Flüssigkeiten unterwirft man die Lösung einer **Destillation**. Dabei wird die Lösung bis zum Siedepunkt erhitzt. Die leichter siedende Flüssigkeit verdampft und wird durch Abkühlung wieder verflüssigt. Die schwerer siedende Flüssigkeit bleibt im Gefäß zurück **(Bild 56/2)**.

Die Trennung eines Gemisches aus mehreren ineinander gelösten Flüssigkeiten erfolgt durch mehrmaliges Destillieren, wobei die einzelnen Flüssigkeiten entprechend ihren verschiedenen Siedepunkten nacheinander verdampfen und getrennt aufgefangen werden. Dieses Verfahren nennt man fraktionierte (gestufte) Destillation. Sie findet Anwendung bei der Benzinherstellung aus Erdöl (Seite 59).

Bild 56/2: Destillation

1.3.3.2 Legierungen

Viele Metalle lassen sich in geschmolzenem Zustand ineinander lösen. Die erstarrte Lösung bezeichnet man als Legierung. Die Eigenschaften einer Legierung weichen oft erheblich von denen der dazu verwendeten Einzelmetalle ab, z. B. in ihrer Festigkeit, Härte, Dehnung, in ihrem Schmelzpunkt, ihrer elektrischen Leitfähigkeit und Farbe.

Durch Legieren lassen sich Werkstoffe mit bestimmten Eigenschaften herstellen.

Beispiele: Messing ist eine feste Legierung aus Kupfer und Zink. Stahl wird korrosionsbeständig durch Zulegieren von Chrom und Nickel.

1.3.3.3 Dispersionen

Gemenge, bei denen die Stoffe im Lösungsmittel nicht gelöst, sondern nur fein verteilt sind, nennt man Dispersionen **(Bild 56/3)**; die Flüssigkeiten bezeichnet man als Dispersionsmittel. Ist der in einer Flüssigkeit dispergierte Stoff ein fester Stoff, spricht man von einer Suspension. Die Stoffteilchen schweben oder setzen sich je nach ihrer Dichte mehr oder weniger schnell ab.

Beispiel: Eine Suspension von Eisenpulver in Öl findet beim Magnetpulververfahren zur Werkstoffprüfung Anwendung (Seite 161).

Ist der im Dispersionsmittel fein verteilte Stoff ebenfalls eine Flüssigkeit, nennt man das Gemenge eine **Emulsion**. Auch bei Emulsionen tritt meistens allmählich eine Entmischung der Flüssigkeiten ein.

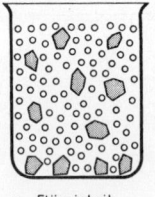
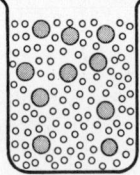

○ Flüssigkeit
● Teilchen eines festen Stoffes

○ Flüssigkeit
● Teilchen einer Flüssigkeit

Bild 56/3: Dispersionen

Sie sind deshalb vor Gebrauch gründlich zu schütteln oder umzurühren.

Beispiel: Bohremulsion ist eine Emulsion aus Öl und Wasser.

ÜBUNG 6

Bitte setzen Sie die Begriffe aus Übung 5 in die nachfolgenden Definitionen ein!

a. Unter .... versteht man ein Gemenge von Flüssigkeiten, die fein ineinander verteilt sind.
b. Eine Mischung verschiedener Stoffe, die sich durch einfache physikalische Verfahren wieder trennen lassen, bezeichnet man als ....
c. Ein Gemenge, das aus einer Flüssigkeit und einem fein verteilten festen Stoff besteht, nennt man ....
d. Werden verschiedene Metalle in geschmolzenem Zustand miteinander vermischt, so spricht man von einer ....
e. Als .... werden Flüssigkeiten bezeichnet, in denen feste, flüssige oder gasförmige Stoffe gelöst werden können.
f. Eine .... liegt vor, wenn ein Stoff so fein in einer Flüssigkeit verteilt ist, daß er nur noch in Einzelmolekülen vorhanden ist.
g. Unter .... ist die Trennung zweier ineinander gelöster Flüssigkeiten durch Verdampfen zu verstehen.

ÜBUNG 7

Bitte lesen Sie den Text noch einmal durch und entscheiden Sie, welche der folgenden Begriffspyramiden richtig ist!

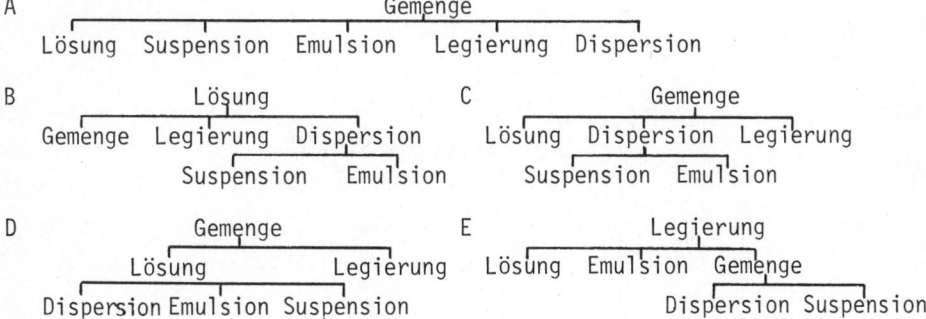

D Hörtext: Legierungen

Bitte lesen Sie zur Einführung in das Thema des Hörtextes den folgenden Text!

Eigenschaften und Benennung der Legierungen

Die Eigenschaften der reinen Metalle lassen sich durch Legieren verbessern, auch können dadurch bestimmte Eigenschaften erzielt werden.

Unter Legieren versteht man das Mischen zweier oder mehrerer Metalle im flüssigen Zustand. Dabei werden Härte und Festigkeit fast immer erhöht, während Dehnung und elektrische Leitfähigkeit abnehmen. Bei der spanenden Bearbeitung bilden sich günstigere Späne. Legierungen haben stets einen niedrigeren Schmelzpunkt als das in einer Legierung enthaltene Metall mit dem höchsten Schmelzpunkt; er kann sogar niedriger sein als der des niedrigstschmelzenden Metalls der Legierung. Auch die Farbe eines Metalls läßt sich durch Legieren verändern.

ÜBUNG 8

Hören Sie bitte den Text zweimal und fassen Sie ihn danach zusammen!

Stichwörter	Zusammenfassung
Legierung $=$?	....
Gußlegierung/Knetlegierung	....
Unterschied reine Metalle/ Legierungen (Härte, Festigkeit, Schmelzpunkt, Dehnung, elektrische Leitfähigkeit)	....
Kupfer-Zink-Legierungen $=$ Messing	....
CuZn-Knetlegierung $=$ Messing	....
CuZn-Gußlegierung $=$ Gußmessing	....

Lerneinheit 3   35

Kurzname: chemisches ....
Kurzzeichen + Prozent- ....
anteil   ....
                       ....
Cu Zn 35 Ⓐ?   ....
                       ....
                       ....
Gußlegierung: G   ....
                       ....
                       ....
G-Cu Zn 38 Al 3 Ⓐ?   ....
                       ....
                       ....
Cu Zn 38 Pb 3 Ⓐ?   ....
                       ....
                       ....
G-Cu Zn 40 Al 2 Ⓐ?   ....
                       ....
                       ....

E WICHTIGE STRUKTUREN: DEFINITIONEN

In der folgenden Übersicht finden Sie 14 Formulierungen für dieselbe Definition.

A	1 2	Unter Analyse	versteht man ist	die Zerlegung einer chemischen Verbindung in ihre Elemente	– zu verstehen		·
B	1 2 3	Die Zerlegung einer chemischen Verbindung in ihre Elemente	wird als heißt wird	Analyse	bezeichnet – genannt		·
C	1 2	Die Zerlegung einer chemischen Verbindung in ihre Elemente	bezeichnet man als nennt man	Analyse.			
D	1 2 3 4 5 6	Wird eine chemische Verbindung in ihre Elemente zerlegt	, so	bezeichnet nennt wird heißt spricht	man diesen Vorgang dieser Vorgang man von Analyse.	als – als –	Analyse. bezeichnet Analyse genannt –
E	1 Analyse ist die Zerlegung einer chemischen Verbindung in Ihre Elemente.						

ÜBUNG 9

Bitte definieren Sie die *Synthese* mit den 14 Definitionstypen der Übersicht!

Synthese ⊜ Herstellen einer chemischen Verbindung aus den Grundstoffen

ÜBUNG 10

Bitte lesen Sie Text C noch einmal auf Definitionen durch und geben Sie anhand der Übersicht über die Definitionstypen an, um welchen Definitionstyp es sich handelt!

Antwortmuster 1:
Die Definition im Lesetext: " .... " entspricht dem Definitionstyp .... der Übersicht.
Antwortmuster 2:
Bei der Definition im Lesetext: " .... " handelt es sich um den Definitionstyp .... der Übersicht.

F DEFINITIONEN MIT OBERBEGRIFF UND NÄHEREN ANGABEN

Oft haben Definitionen eine kompliziertere Struktur, als in Teil E gezeigt wurde: Der *zu definierende Begriff* wird durch einen *Oberbegriff* benannt. Der Oberbegriff wird durch *nähere Angaben* oft in Form eines Relativsatzes spezifiziert.

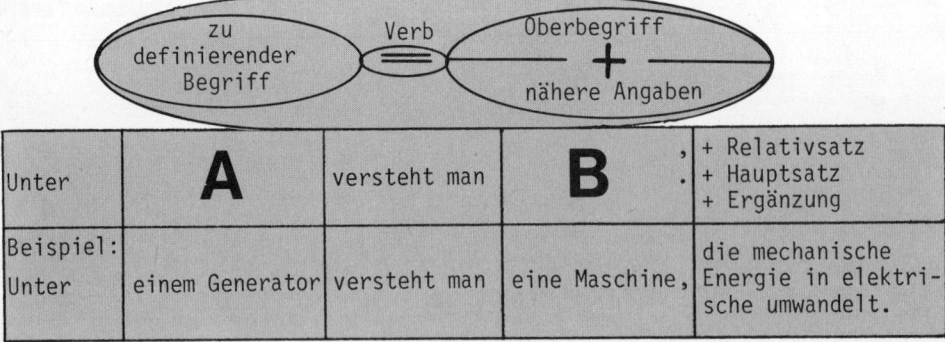

ÜBUNG 11

Definieren Sie bitte die Begriffe!

	GEMENGE	
LÖSUNG	DISPERSION	LEGIERUNG
Flüssigkeit + feste, flüssige, gasförmige Stoffe: nur noch Einzelmoleküle	Flüssigkeit + Stoff, fein verteilt	mehrere Metalle in geschmolzenem Zustand
Eine Lösung besteht aus einer Flüssigkeit mit festen, flüssigen oder gasförmigen Stoffen, die in Einzelmolekülen vorkommen.	Eine Dispersion besteht aus einer Flüssigkeit mit einem anderen Stoff in feiner Verteilung.	Eine Legierung besteht aus mehreren Metallen, die in geschmolzenem Zustand vermischt wurden.

SUSPENSION	EMULSION
Flüssigkeit + fester Stoff in feiner Verteilung	Flüssigkeit + Flüssigkeit in feiner Verteilung
Eine Suspension besteht aus einer Flüssigkeit mit festen Stoffen in feiner Verteilung.	Eine Emulsion besteht aus einer Flüssigkeit mit einer anderen Flüssigkeit in feiner Verteilung.

Beispiel: [zu definierender Begriff = Unterbegriff] [Oberbegriff] [nähere Angaben]
Unter einer Lösung versteht man ein Gemenge, das aus einer Flüssigkeit
[nähere Angaben] [nähere Angaben]
mit festen, flüssigen oder gasförmigen Stoffen besteht, die in Einzel-
[nähere Angaben]
molekülen vorkommen.

a. Unter einer Legierung ....
....
....

b. Unter einer Dispersion ....
....
....

c. Unter einer Suspension ....
....
....

d. Unter einer Emulsion ....
....
....

G ZUM LERNEN UND ÜBEN

FACHTERMINOLOGIE

a. das Element/e = der Grundstoff/e

```
O  der Sauerstoff  ⎫                    ⎧ Werkstoff
H  der Wasserstoff ⎬ das Gas/e          ⎪ Kunststoff
N  der Stickstoff  ⎭                    ⎨ Wasserstoff
   ⋮                                    ⎩ Stoffeigenschaften

S  der Schwefel    ⎫                    ⎧ die Grundlage
C  der Kohlenstoff ⎬ das Nichtmetall/e  ⎨ die Grundrechenart
   ⋮                                    ⎩ die Grundausbildung

Fe das Eisen       ⎫                              ⎧ fest
Cu das Kupfer      ⎪                              ⎪
Hg das Quecksilber ⎬ das Metall/e      ........ist⎨ flüssig ..
Pb das Blei        ⎪                              ⎩ gasförmig
ZN das Zink        ⎭
   ⋮                                              ⎧ ein Festkörper
                                       .........ist⎨ eine Flüssigkeit .
                                                   ⎩ ein Gas
```

b. die (chemische) Verbindung/en   eine Verbindung herstellen

$2 H_2 + O_2 \longrightarrow 2 H_2O$ die Synthese (= die Herstellung einer Verbindung)

$2 H_2O \longrightarrow 2 H_2 + O_2$ die Analyse (= die |Trennung / Zerlegung| einer Verbindung)

$+ O_2$ die Oxidation $- O_2$ die Reduktion

die Elektrolyse: Zerlegung ⟵[Strom]⟶ Elektrolyse

c.
	das Gemenge/-			
die Lösung/en	die Legierung/en	die Dispersion/en	Suspension fester Stoff / Emulsion Flüssigkeit	
Stoff in Flüssigkeit oder Gas;	Metalle miteinander	Stoff in Flüssigkeit		
Einzelmoleküle	Kristalle	fein verteilt		

G - CuZn = Kupfer-Zink-Gußlegierung (Gußmessing)   G - : Gußlegierung
    CuZn = Kupfer-Zink-Knetlegierung (Messing)   - : Knetlegierung

STRUKTUREN

| Unter A |versteht man| B | - | Erfolgt A mit Hilfe von ......,
| |ist | | zu verstehen| . so spricht man von B .

Unter ...(Unterbegriff)... versteht man ...(Oberbegriff)... + nähere Angaben, z.B. Relativsatz

UNTERRICHTSKOMMUNIKATION

A entspricht B .
Bei A handelt es sich um B .

der Begriff/e   der Oberbegriff
                  der Unterbegriff

Die Wertigkeit von (Stoff) beträgt ....
(Stoff) ist |ein ....wertiges Element|.
            |.....wertig   - |

die Übersicht/en = die Zusammenstellung

4

Die elektrische Spannung

A Verfahren der Spannungserzeugung

Bitte sehen Sie sich die Abbildungen an!

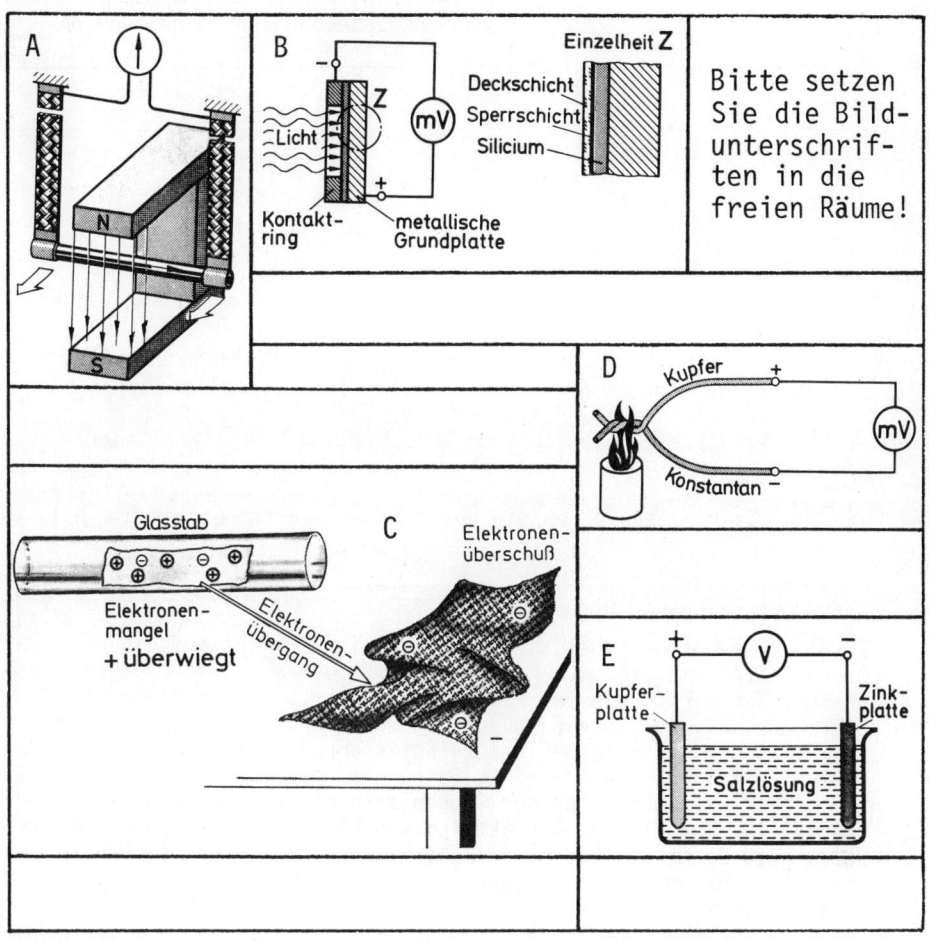

Bitte setzen Sie die Bildunterschriften in die freien Räume!

Übung 1

a. Die Abbildungen stellen mehrere Verfahren der
- ☐ Wärmemessung
- ☐ chemischen Analyse
- ☐ Spannungserzeugung
- ☐ Lichterzeugung

dar.

b. Bitte setzen Sie die Bildunterschriften unter die Abbildungen!

| Foto-Element   Thermoelement   Induktion   Reibungselektrizität   galvanisches Element |

c. Setzen Sie bitte die Bildunterschriften von b. ein!

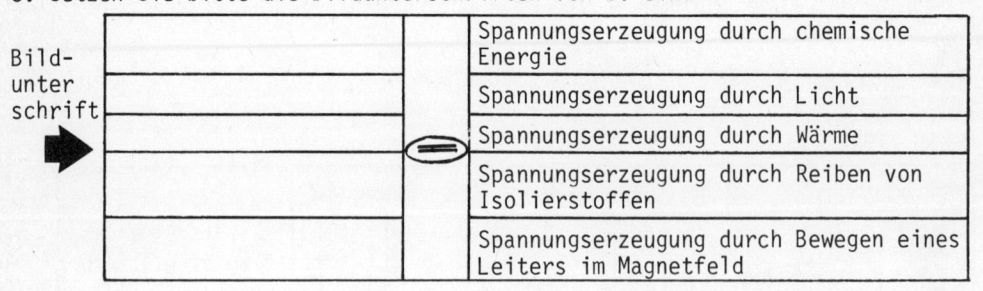

Bild- unter- schrift ▶			
		=	Spannungserzeugung durch chemische Energie
			Spannungserzeugung durch Licht
			Spannungserzeugung durch Wärme
			Spannungserzeugung durch Reiben von Isolierstoffen
			Spannungserzeugung durch Bewegen eines Leiters im Magnetfeld

B Kurztexte zum Lesen

ÜBUNG 2

Bevor Sie die Kurztexte lesen, sehen Sie sich bitte die Fragen und Aufgaben dazu an!

a. Vergleichen Sie bitte die Abbildungen von Teil A mit dem Inhalt der Kurztexte!

b. Welche Spannungserzeuger kennen Sie durch Ihren Beruf oder aus dem Alltag?

Text 1 Spannungserzeugung durch Licht

Im Foto-Element befindet sich eine Silicium-Schicht auf einer Grundplatte. Die Silicium-Schicht ist mit einem Kontaktring verbunden. Jedes Foto-Element hat im Innern der Silicium-Schicht eine
5 Sperrzone, die nur in einer Richtung Elektronen durchläßt. Durch die Beleuchtung des Foto-Elements entstehen in der Silicium-Schicht freie Elektronen, die von einer Seite der Sperrzone auf die andere Seite gedrückt werden. An der Grundplatte bildet sich ein Elektronenmangel (Pluspol), am Kontaktring ein Elektronenüberschuß (Minus-
10 pol). Foto-Elemente werden für Belichtungsmesser, für elektronische Steuerungen und Regelungen sowie zur Stromversorgung von Satelliten verwendet.

Text 2 Spannungserzeugung durch chemische Energie

Spannung durch chemische Energie entsteht, wenn man zwei verschiedene Metalle oder Kohle und ein Metall in eine leitende Flüssigkeit (Elektrolyt) taucht. Die beiden Metalle nennt man
5 Elektroden bzw. Anode und Katode. Zwischen den Elektroden entsteht eine Spannung. Einen derartigen Spannungserzeuger nennt man g a l v a n i s c h e s   E l e m e n t . Galvanische Elemente werden zum Verkupfern, Vernickeln, Verchromen, Eloxieren und zur Herstellung von Aluminium und Elektrolytkupfer verwendet.

Text 3	Spannungserzeugung durch Reibung
5	Reibt man einen Glasstab mit einem Wolltuch, so entfernt man einige Elektronen von der Oberfläche des Stabes. Diese Elektronen bleiben auf dem Wolltuch. Der Glasstab enthält nach dem Reiben weniger Elektronen als Protonen. Der Stab ist positiv geladen.

Text 4	Spannungserzeugung durch Wärme
5 10	Man verbindet einen Kupfer- und einen Konstantandraht an einem Ende und schließt einen Millivoltmeter an die beiden freien Drahtenden an. Erwärmt man die Verbindungsstelle der Drähte, so zeigt der Spannungsmesser eine Spannung an. Durch die Erwärmung gehen freie Elektronen des Kupferdrahtes auf den Konstantandraht über. Einen derartigen Spannungserzeuger nennt man T h e r m o e l e m e n t . Thermoelemente lassen sich an schwer zugänglichen Stellen, z.B. in Öfen oder in Wicklungen, anbringen. Man verwendet das Thermoelement häufig zur Temperatur-Fernmessung.

Text 5	Spannungserzeugung durch Induktion
5 10	Man hängt einen Leiter an zwei Metallbändern beweglich zwischen den Polen eines Magneten auf. Man schließt die Metallbänder an einen Spannungsmesser an. Bewegt man den Leiter, so zeigt der Spannungsmesser bei jeder Bewegung eine Spannung an. Bei der Bewegung des Leiters durch das Magnetfeld werden die freien Elektronen des Leiters senkrecht zu ihrer Bewegungsrichtung abgelenkt. Auf der einen Seite entsteht ein Elektronenmangel, auf der anderen Seite ein Elektronenüberschuß. Zwischen den Leiterenden entsteht eine Spannung. Man sagt, die Spannung wird i n d u z i e r t . In der Technik wird die Induktion zur Umwandlung von Bewegungsenergie in elektrische Energie (Generator) und zur Umwandlung von elektrischer Energie in Bewegungsenergie (Elektromotor) genutzt.

c. Bitte lesen Sie die Texte noch einmal etwas genauer und stellen Sie fest, ob in den Texten folgende Gliederungspunkte enthalten sind:

A Aufbau des Spannungserzeugers   B Funktionsweise des Spannungserzeugers
C Erklärung der physikalischen Vorgänge   D praktische Anwendung

	A Aufbau	B Funktionsweise	C Erklärung	D Anwendung
Text 1	von Zeile ..... bis Zeile	von Zeile ..... bis Zeile	von Zeile ... bis Zeile ...	von Zeile .... bis Zeile ....
Text 2	von Zeile ..... bis Zeile	von Zeile ..... bis Zeile	von Zeile ... bis Zeile ...	von Zeile .... bis Zeile ....
Text 3	von Zeile ..... bis Zeile	von Zeile ..... bis Zeile	von Zeile ... bis Zeile ...	von Zeile .... bis Zeile ....
Text 4	von Zeile ..... bis Zeile	von Zeile ..... bis Zeile	von Zeile ... bis Zeile ...	von Zeile .... bis Zeile ....
Text 5	von Zeile ..... bis Zeile	von Zeile ..... bis Zeile	von Zeile ... bis Zeile ...	von Zeile .... bis Zeile ....

C KONDITIONALSATZ OHNE KONJUNKTION

	Verb	Ergänzungen	,	so	Verb	Ergänzungen
A	Belichtet	man das Foto-Element	,	so	entstehen	in der Silicium-schicht freie Elektr.
B	Werden	freie Elektronen von der einen Seite der Sperrzone auf die andere gedrückt	,	so	bildet	sich an der Grundplatte ein Elektronenmangel.
C	Taucht	man zwei verschiedene Elektroden in eine leitende Flüssigkeit	,	so	entsteht	Spannung durch chemische Energie.
D	Will	man Temperaturen an schwer zugänglichen Stellen messen	,	so	verwendet	man Thermoelemente.
E	Soll	Bewegungsenergie in elektrische Energie umgewandelt werden	,	so	ist	dies mit Hilfe eines Generators möglich.
F	Reibt	man einen Glasstab mit einem Wolltuch	,	so	gehen	freie Elektronen des Stabes auf das Wolltuch über.

ÜBUNG 3

Bitte suchen Sie Stellen in den Lesetexten von B heraus, die den obigen Beispielen inhaltlich entsprechen!

Antwortmuster: Das Beispiel [A/B/C/D/E/F] entspricht Zeile [ ] ff. in Text [ ] .

ÜBUNG 4

Geben Sie bitte die zurückgelegte Strecke an! (vgl. Lerneinheit 1, Teil D)

Muster: Hat ein Fahrzeug eine Durchschnittsgeschwindigkeit von 50 Kilometern pro Stunde, so beträgt die nach einer Stunde zurückgelegte Strecke 50 Kilometer.

a. ....
....
zwei Stunden ....

b. ....
....
viereinhalb Stunden ....

ÜBUNG 5

Die folgende Übung bezieht sich auf die Entfernungstabelle von Übung 10 in Lerneinheit 1 Teil E.

Muster: Legt ein Kraftfahrzeug die Strecke von München nach Stuttgart (220 km) in 2 Stunden zurück, so beträgt seine Durchschnittsgeschwindigkeit 110 Kilometer pro Stunde.

a. Legt ein Kraftfahrzeug die Strecke von Hamburg nach Düsseldorf (444 km) in 4 Stunden zurück, so beträgt seine Durchschnittsgeschwindigkeit .... Kilometer pro Stunde.

b. Legt ein Kraftfahrzeug die Strecke von Hamburg nach Stuttgart (.......) in 7 Stunden zurück, so ....
....

c. ....
.........................von München nach Stuttgart (........)
in 4 Stunden ....
....

d. ....
Düsseldorf nach Köln .... in 30 Minuten ....
....

D HÖRTEXT

Bevor Sie den Text hören, sehen Sie sich bitte die Abbildungen auf der nächsten Seite an und lesen Sie die Fragen und Aufgaben in den Übungen 6 und 7!

ÜBUNG 6

Die Fragen sollen Sie nach dem ersten Hören beantworten.

a. Werden die Werkstoffe der Elektroden genannt?
b. Wird der verwendete Elektrolyt genannt?
c. Wovon hängt die Spannung ab?
d. Wovon hängt die Stromstärke des Elements ab?
e. Werden noch andere Elektrolyte genannt?
f. Ist der Belichtungsmesser eine Anwendung des galvanischen Elements?

Abbildungen zum Hörtext

Elektrochemische Spannungsreihe	
Elektrode	Spannung V
Fluor	2
Gold	1,50
Platin	0,86
Silber	0,80
Quecksilber	0,79
Kohle	0,74
Sauerstoff	0,39
Kupfer	0,34
Wismut	0,28
Antimon	0,14
Wasserstoff	**0**
Blei	− 0,13
Zinn	− 0,14
Nickel	− 0,23
Kobalt	− 0,29
Kadmium	− 0,40
Eisen	− 0,44
Chrom	− 0,56
Zink	− 0,76
Mangan	− 1,10
Aluminium	− 1,67
Magnesium	− 2,40
Natrium	− 2,71
Kalium	− 2,92
Lithium	− 2,96

Die Spannungen sind bei +25 °C gegen die Normal-Wasserstoffelektrode gemessen.

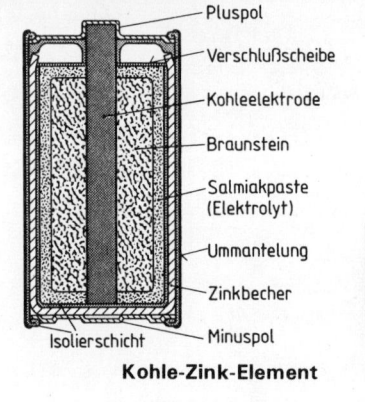

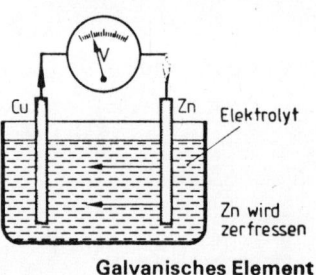

Kohle-Zink-Element

Galvanisches Element

ÜBUNG 7

Fragen zum Hörtext

a. Wovon handelt der Text?
b. Welche Überschrift würden Sie dem Text geben?
c. Kann man Energie im eigentlichen Sinne "erzeugen"?
d. Aus welchen Teilen besteht ein galvanisches Element?
e. Was ist ein Elektrolyt?
f. Welche praktische Anwendung hat das galvanische Element gefunden?
g. Aus welchem Stoff besteht die Anode in dem Versuch?
h. Welche Metallverbindungen werden als Katodenwerkstoffe benutzt?
i. Welche Elektrolyte kommen vor?

ÜBUNG 8

Wenn Sie beim zweiten Hören alle Fragen der Übung 7 beantworten konnten, brauchen Sie diese Übung nicht zu machen. Wenn Sie aber Schwierigkeiten hatten, können Sie sich folgendermaßen helfen:
Legen Sie vor dem Hören eine Stichwortliste von den Fragen zum Hörverständnis an. Etwa so:

a. Thema: ....

b. Überschrift: ....

c. Energie "erzeugen"? ....

d. galvanisches Element $=$ ....

e. Elektrolyt $=$ ....

f. galvanisches Element $\rightarrow$ ....

g. Anodenwerkstoff $=$ ....

h. Elektrodenwerkstoffe $=$ ....

i. Elektrolyte $=$ ....

Beim Hören füllen Sie Ihre Stichwortliste aus. Sie behalten so besser den Überblick. Diese Arbeitstechnik ist auch bei Tests und Prüfungen zu empfehlen.
Eine solche ausgefüllte Stichwortliste eignet sich auch gut als Gliederung für eine schriftliche oder mündliche Textzusammenfassung.

E Verformelung von Texten als Verständnishilfe

Der folgende Text ist leichter zu verstehen, wenn Sie vor dem Lesen Text 5 von Teil B wiederholen. Bitte lesen Sie den Text und die Verformelung parallel!

ÜBUNG 9

Welcher Teil der Verformelung entspricht welcher Textstelle?

Antwortmuster:
Teil ...... der Verformelung entspricht Zeile ..... des Textes.

Die Induktion

Wird ein Leiter durch ein Magnetfeld bewegt, so bildet sich auf der einen Seite des Leiters ein Elektronenüberschuß, auf der anderen Seite ein Elektronenmangel. Zwischen den Leiterenden
5 entsteht eine Spannung.

Generatorprinzip:
Magnetfeld und Bewegung eines Leiters erzeugen eine Spannung.

Wenn man den Leiter festhält und den Magneten
10 bewegt, wird ebenfalls eine Spannung erzeugt.
Die Größe der Spannung hängt von der Geschwindigkeit des Magneten bzw. des Leiters ab.

Der bewegte Leiter ist meist eine Spule. Je größer die Wicklungszahl der bewegten Spule ist, um so größer wird die Spannung. Die induzier-
15 te Spannung wächst mit der Anzahl der Leiter. Die induzierte Spannung nimmt auch mit steigender magnetischer Flußdichte zu.

Ist der Stromkreis geschlossen, so ruft die Induktionsspannung einen Strom hervor. Die Richtung des Stromes ist von der Bewegungsrichtung des Leiters und von der Richtung des Magnetfeldes abhängig.

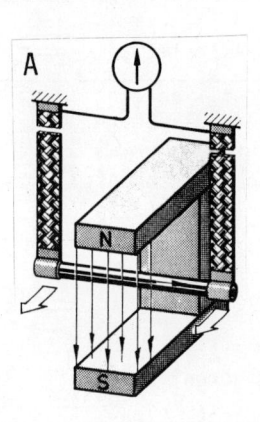

Verformelung

a. ⎫
b. ⎬ Leiter ──[durch ein Magnetfeld bewegt]──→ ⎧ Elektronenüberschuß auf der einen Seite
c. ⎭   ⎨ Elektronenmangel auf der anderen Seite
                                                ⎩ Spannung zwischen den Leiterenden

d. Magnetfeld und Bewegung eines Leiters ──→ Spannung

e. ═ Generatorprinzip

f. ──[Leiter fest, Magnetfeld bewegt]──→ Spannung

g. Geschwindigkeit des Leiters/Magneten ⟨→⟩ Spannung

h. der bewegte Leiter ═ Spule

i. Wicklungszahl der Spule ⟨→⟩ Spannung

k. Zahl der Leiter / magnetische Flußdichte ⟨→⟩ Spannung

l. Induktionsspannung ──[Stromkreis geschlossen]──→ Strom

m. Richtung des Stromes ←── ⎧ Bewegungsrichtung des Leiters
                              ⎩ Richtung des Magnetfelds

ÜBUNG 10

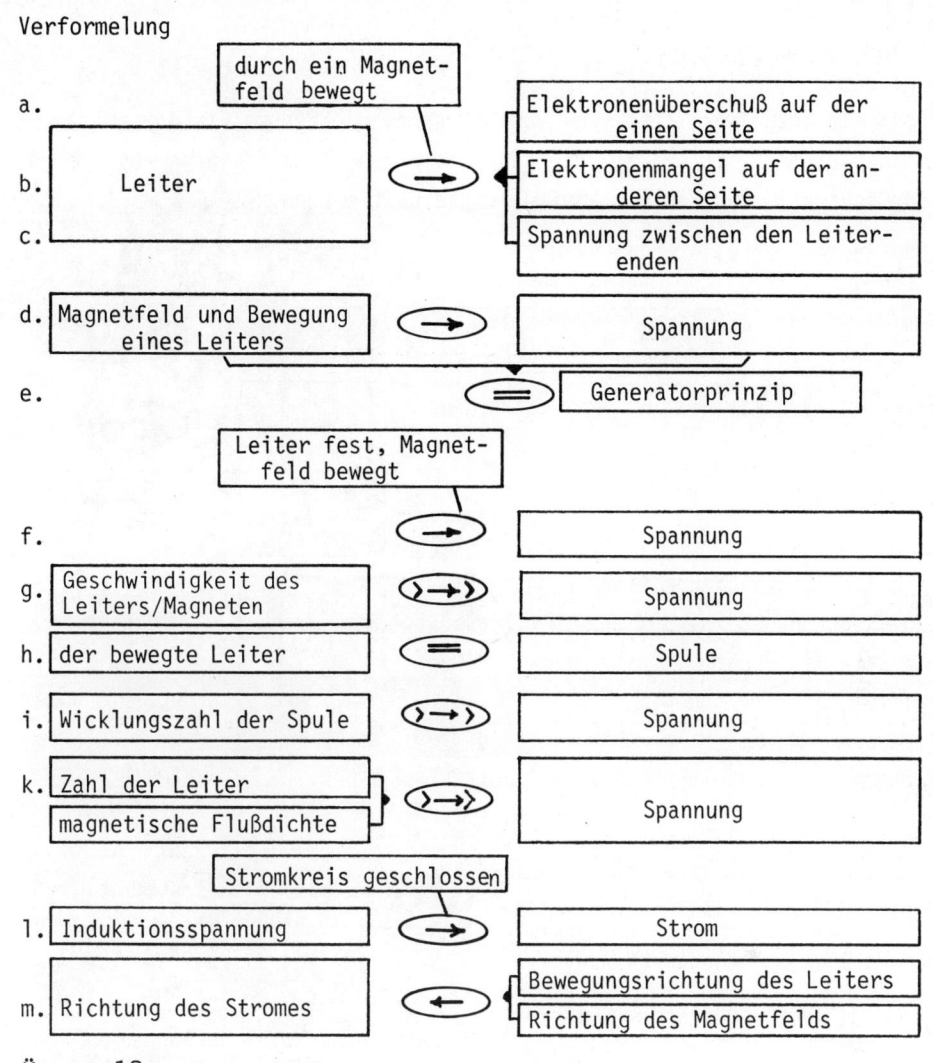

a. Was bedeuten wohl die Formelzeichen?
b. Welche Sprachmittel stehen im Text anstelle der Formelzeichen?
c. Referieren Sie bitte den Text, indem Sie die Formelzeichen folgendermaßen versprachlichen:

☐ wenn + Nebensatz ⟨→⟩ je größer ..., um so größer

──→ hervorrufen ═ ist ←── ist abhängig von ...

F DIE KORRELIERUNG

Die Abhängigkeit einer Größe von einer anderen, die Wechselwirkung zwischen zwei Größen, mit einem Wort: die K o r r e l i e r u n g von Größen, muß in Fachtexten der Technik häufig ausgedrückt werden.

Die häufigsten Korrelierungen sind:

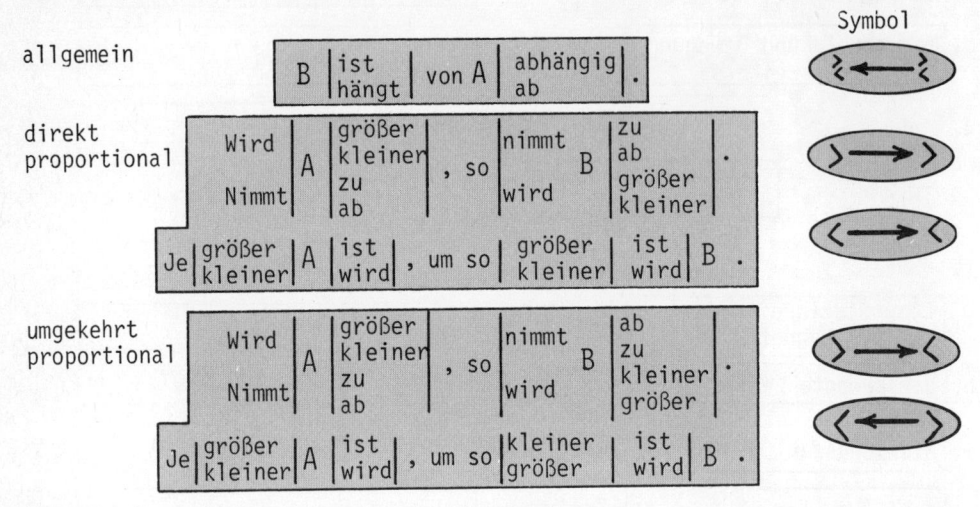

		Symbol
allgemein	B | ist / hängt | von A | abhängig | .	⟨⟵⟩
direkt proportional	Wird / Nimmt | A | größer / kleiner / zu / ab | , so | nimmt / wird | B | zu / ab / größer / kleiner | .	⟩⟶⟩
	Je | größer / kleiner | A | ist / wird | , um so | größer / kleiner | ist / wird | B .	⟨⟶⟨
umgekehrt proportional	Wird / Nimmt | A | größer / kleiner / zu / ab | , so | nimmt / wird | B | ab / zu / kleiner / größer | .	⟩⟶⟨
	Je | größer / kleiner | A | ist / wird | , um so | kleiner / größer | ist / wird | B .	⟨⟵⟩

ÜBUNG 11

Bitte korrelieren Sie die Größen!

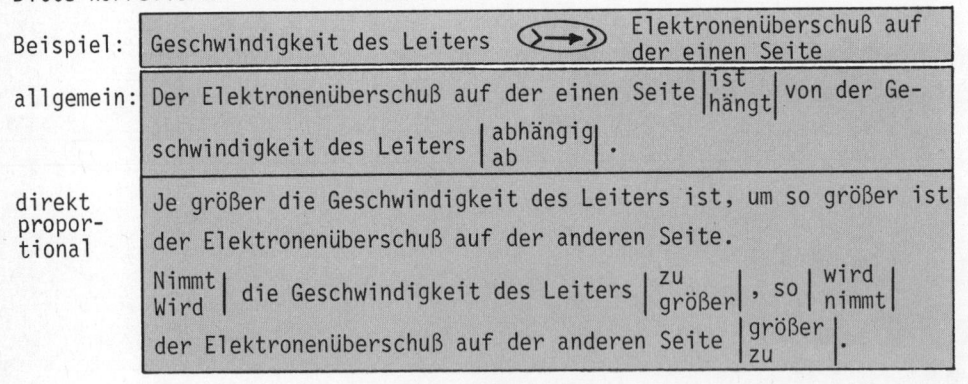

Beispiel:	Geschwindigkeit des Leiters ⟩⟶ Elektronenüberschuß auf der einen Seite
allgemein:	Der Elektronenüberschuß auf der einen Seite | ist / hängt | von der Geschwindigkeit des Leiters | abhängig / ab | .
direkt proportional	Je größer die Geschwindigkeit des Leiters ist, um so größer ist der Elektronenüberschuß auf der anderen Seite.
	Nimmt / Wird | die Geschwindigkeit des Leiters | zu / größer | , so | wird / nimmt | der Elektronenüberschuß auf der anderen Seite | größer / zu | .

a. Spannung   <—>   Stärke des Magnetfelds

allgemein: ....

....

direkt   ....
propor-
tional: ....

b. Zahl der Leiter   <—>   Spannung

allgemein: ....

....

direkt   ....
propor-
tional: ....

c. Widerstand   >—<   Strom

allgemein: ....

....

umgekehrt   ....
propor-
tional   ....

G Zum Lernen und Üben

Fachterminologie

a. U die (elektrische) Spannung/en
    I die (elektrische) Stromstärke
    R der (elektrische) Widerstand/Widerstände

	die Spannungserzeugung			
das galvanische Element	das Thermoelement	das Fotoelement	—	der Generator
↑	↑	↑		↑
chemische Energie	die Wärme	das Licht	die Reibung	Induktion

Beispiel:
Mit Hilfe des .... kann man aus .... elektrische Energie gewinnen.

b. der Elektronenmangel (zu wenig)   der Elektronenüberschuß (zu viel)
   der Pluspol ←──────────────── der Minuspol
                    die Stromrichtung

c.
die Feld-
linie/n

der Nordpol   der Südpol

das Magnet-
feld

der Hufeisenmagnet

die Wicklung/en

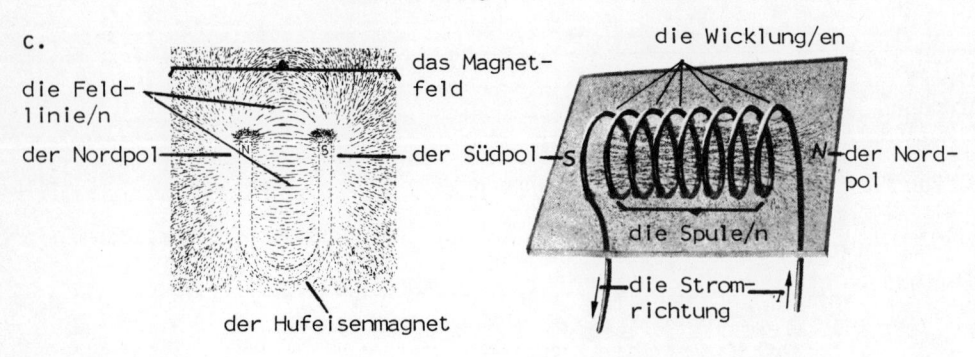

der Nord-
pol

die Spule/n

die Strom-
richtung

STRUKTUREN

Verb 1	Ergänzungen	Verb 2	, so	Verb	Ergänzungen
Soll	Bewegungsenergie in elektrische Energie	umgewandelt werden	, so	ist	dies mit Hilfe eines Generators möglich.

Zur Korrelierung s. Tabelle in Teil F!

UNTERRICHTSKOMMUNIKATION

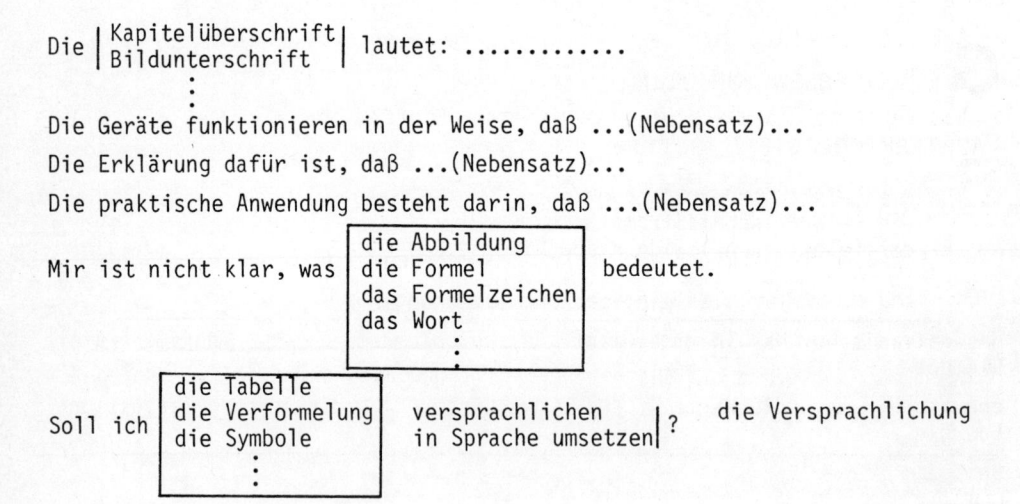

Die | Kapitelüberschrift / Bildunterschrift | lautet: ....
⋮

Die Geräte funktionieren in der Weise, daß ...(Nebensatz)...
Die Erklärung dafür ist, daß ...(Nebensatz)...
Die praktische Anwendung besteht darin, daß ...(Nebensatz)...

Mir ist nicht klar, was | die Abbildung / die Formel / das Formelzeichen / das Wort ⋮ | bedeutet.

Soll ich | die Tabelle / die Verformelung / die Symbole ⋮ | versprachlichen / in Sprache umsetzen | ?   die Versprachlichung

5

Die Herstellung und Verwendung von Kunststoffen

A Charakterisierung der Kunststoffe

Lesen Sie bitte zuerst die Fragen in Übung 1 und 2, bevor Sie den Text lesen!

> Kunststoffe werden durch chemische Umwandlung (*Synthese*) aus den Rohstoffen Erdöl, Erdgas und Kohle gewonnen. Sie heißen **organische** Stoffe, weil sie aus Kohlenstoffverbindungen bestehen. Eine Ausnahme bilden die Silikon-Kunststoffe, die anstatt des Kohlenstoffs das chemisch ähnliche Element Silicium enthalten. Man bezeichnet die Kunststoffe als **makromolekulare** Stoffe, da sie aus Großmolekülen (Makromolekülen) aufgebaut sind.

ÜBUNG 1

Der Text selbst enthält Erklärungen für folgende Begriffe:

Kunststoff, chemische Umwandlung, Rohstoff, organische Stoffe, Großmoleküle.

a. Welche von diesen Begriffen werden durch Synonyme erklärt?
b. Welche von diesen Begriffen werden durch Beispiele erklärt?
c. Welche von diesen Begriffen werden durch Definitionen erklärt?

ÜBUNG 2

a. Was ist eine Synthese?
b. Welches Element hat ähnliche Eigenschaften wie der Kohlenstoff?
c. Aus welchen Rohstoffen werden Kunststoffe gewonnen?
d. Was versteht man unter einem Makromolekül?
e. Was versteht man unter einem organischen Stoff?

B Die Kunststoffsynthese

Bevor Sie sich die Abbildungen betrachten und den Text lesen, sehen Sie sich bitte die Fragen und Aufgaben der Übung 3 an!

> Kunststoffe bestehen mit Ausnahme der Silikone aus Kohlenstoffverbindungen, die zu Makromolekülen zusammengelagert sind. Die Zusammenlagerung kann nach drei verschiedenen Arten ablaufen: Polymerisation, Polykondensation und Polyaddition.

a amorph

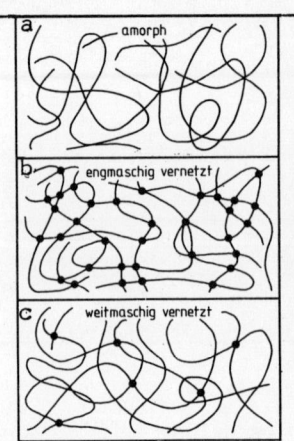

Kunststoffe aus Fadenmolekülen, ohne Vernetzung, gewonnen durch Polymerisation; T h e r m o p l a s t e ; bei Raumtemperatur hart, bei höherer Temperatur plastisch.

b engmaschig vernetzt

Kunststoffe mit enger Vernetzung der Makromoleküle, gewonnen durch Polykondensation; D u r o p l a s t e; nach der Aushärtung nicht mehr schmelzbar und unlöslich.

c weitmaschig vernetzt

Kunststoffe mit weitmaschiger Vernetzung der Makromoleküle, gewonnen durch Polymerisation oder Polyaddition; E l a s t o m e r e ; gummielastisch.

Bei der Polymerisation entstehen langgestreckte, fadenförmige Makromoleküle. Bei völlig wahlloser Anordnung nennt man diesen Aufbau amorph (a). Durch Polykondensation und Polyaddition entstehen Makromoleküle, die miteinander zu einem Netz verknüpft sind. Die Verknüpfung kann engmaschig sein, d.h. der ganze Körper besteht aus einem zusammenhängenden Netzwerk (b), oder die Vernetzung ist weitmaschig, d.h. die Makromoleküle sind nur an wenigen Stellen miteinander verknüpft (c).

ÜBUNG 3

Geben Sie bitte an, wodurch Ihnen die folgenden wahrscheinlich unbekannten Begriffe klar geworden sind!

Die Bedeutung des Wortes ..... erkenne ich aus	der ersten/zweiten/dritten	Abbildung	dem ersten/zweiten/dritten	Erklärungstext	aus dem Text oben und zwar...
fadenförmig					
Netz					
weitmaschig					
vernetzt					
Verknüpfung					
Polymerisation					
Polykondensation					
amorph					
verknüpft					

C Definitionen

ÜBUNG 4

Spielen Sie bitte die Definitionen nach dem Muster durch!

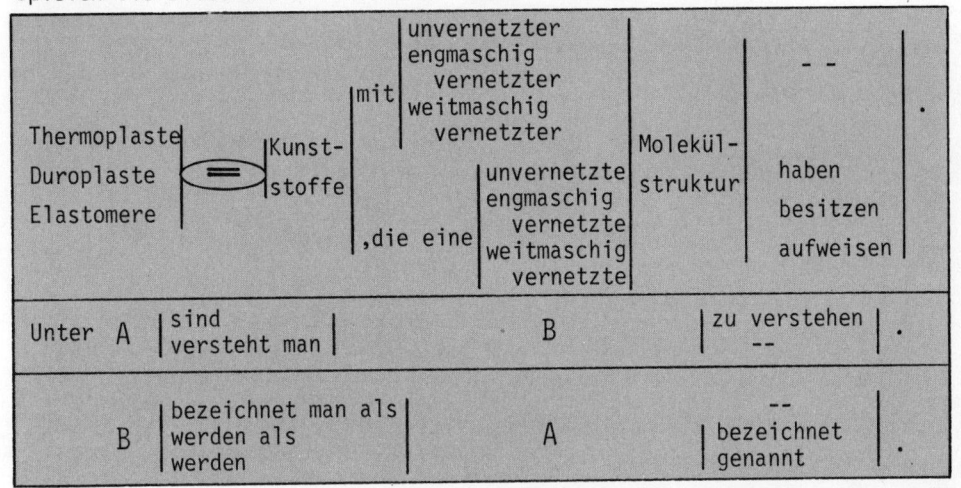

Thermoplaste Duroplaste Elastomere	=	Kunst- stoffe	mit ,die eine	unvernetzter engmaschig vernetzter weitmaschig vernetzter unvernetzte engmaschig vernetzte weitmaschig vernetzte	Molekül- struktur	haben besitzen aufweisen	-- .
Unter A		sind versteht man		B		zu verstehen --	.
B		bezeichnet man als werden als werden		A		-- bezeichnet genannt	.

ÜBUNG 5

Bitte machen Sie Angaben zu verschiedenen Kunststoffen nach dem Muster:

> [A] ist ein Kunststoff, der zur Gruppe der [B] gehört. Er entsteht durch [C].

Tabelle	Synthetische Herstellung der Kunststoffe	
Herstellungsart (Produkt)	Beispiele für	
	Thermoplaste	Duroplaste
Polymerisation (Polymerisate)	Polyäthylen Polyvinylchlorid Polystyrol	— — —
Polykondensation (Polykondensate)	Polycarbonat Polyamide	Phenoplaste Aminoplaste Silikone
Polyaddition (Polyaddukte)	Polyurethane	Epoxidharze
C	A	B

D Hörtext: Polyäthylen

ÜBUNG 6

Bevor Sie den Text zum erstenmal hören, sehen Sie sich bitte die fünf Fotos auf der nächsten Seite an. Ihre Aufgabe beim ersten Hören besteht darin, den Zusammenhang zwischen den Fotos und dem Textinhalt zu verfolgen.

Vor dem zweiten Hören sehen Sie sich bitte die Fragen und Aufgaben zum Hörtext in Übung 7 an.

Lerneinheit 5

Bilder zum Hörtext

ÜBUNG 7

Fragen und Aufgaben zum Hörtext

a. Über wie viele Kunststoffe wird im Text gesprochen?
b. Wie viele Wasserstoffatome enthält das Äthylenmolekül?
c. Wie viele Wasserstoff- und Kohlenstoffatome enthält das Polyäthylenmolekül?
d. Welche Formen des Polyäthylenmoleküls sind möglich?

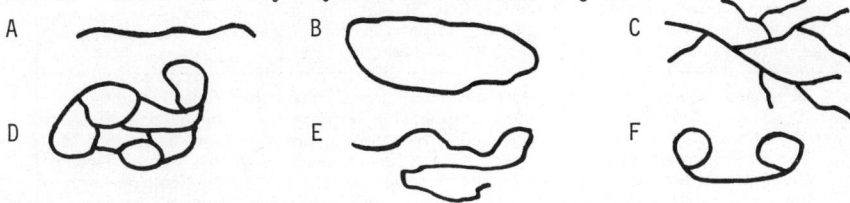

e. Was ist ein Radikale?
f. Was ist der Unterschied zwischen einem Register und einem Inhaltsverzeichnis?
g. Auf welcher Seite in dem Buch "Fachkunde für Metallberufe" wird das Polyäthylen behandelt?
h. Was ist richtig?
   A Polyäthylen zerbricht leicht.
   B Polyäthylen kann leicht gefärbt werden.
   C Polyäthylen wird in der Elektrotechnik nicht verwendet.
   D Polyäthylen hat gute Isoliereigenschaften.
   E Polyäthylen ist gegen Säuren und Lösungsmittel ziemlich beständig.
   F Aus Polyäthylen kann man Folien herstellen.
   G Polyäthylen ist lichtdurchlässig.
   H Hartpolyäthylen ist sehr zerbrechlich.
i. Welche Dichte hat Weich-Polyäthylen?
k. Woran erkennen die beiden Gesprächsteilnehmer, daß in "Fachkunde Elektrotechnik" nur das Weich-Polyäthylen behandelt wird?

E ABLEITUNGEN AUF -BAR

Auf der nächsten Seite finden Sie drei Texte, in denen zahlreiche Ableitungen von Verben mit Hilfe des Suffixes -bar auftreten. Bitte achten Sie beim Lesen auf diese Ableitungen!

> Elastomere sind **weitmaschig vernetzte** Kunststoffe, die sich bei tiefen Temperaturen stahlelastisch und oberhalb 0 °C **gummielastisch** verhalten. Tritt die Gummielastizität erst bei Temperaturen über 20 °C, auf, nennt man sie auch Thermoelaste.
>
> Elastomere bzw. Thermoelaste sind je nach Art mehr oder minder **hart-gummielastisch** oder **weich-gummielastisch**. Durch Temperaturerhöhung verändern sie ihre Gummielastizität kaum, sondern behalten diese Eigenschaft bis zu ihrer Zersetzungstemperatur. Sie sind **nicht schmelzbar, nicht spanlos umformbar** und **nicht schweißbar**. Sie nehmen bestimmte Flüssigkeiten auf, d.h. sie sind **quellbar**, lassen sich aber **nicht lösen**.
>
> Thermoplaste sind **nicht vernetzte** Kunststoffe, die sich bei Raumtemperatur **stahlelastisch** verhalten. Sie sind durch mäßige Temperaturerhöhung **erweichbar**, und dann **spanlos umformbar** und durch stärkeres Erwärmen **schmelzbar** und damit **schweißbar**. Bei Abkühlung erstarren sie zu ihrer ursprünglichen Härte und Festigkeit. Dieser Vorgang ist **wiederholbar**. Sie nehmen bestimmte Lösungsmittel auf, d.h. sind **quellbar** und sind meist in einigen Lösungsmitteln **löslich**.
>
> Duroplaste werden aus unvernetzten Vorprodukten entweder durch Zugabe von Härtern oder unter der Wirkung von Druck und Wärme in ihren endgültigen **engmaschig vernetzten** Zustand gebracht. Diesen Vorgang nennt man Härtung und die Duroplaste deshalb **härtbare** Kunststoffe. Sie verhalten sich bei Raumtemperatur **stahlelastisch**. Durch Erwärmung können sie **zähelastisch** werden, niemals jedoch erweichen oder schmelzen. Bei übermäßiger Erwärmung zersetzen sie sich, ohne vorher flüssig geworden zu sein. Sie sind deshalb **nicht spanlos umformbar** und **nicht schweißbar**. In gehärtetem Zustand sind sie in Lösungsmitteln **unlösbar** und nicht oder nur **schwach quellbar**.

ÜBUNG 8

Ergänzen Sie bitte die Tabelle mit Hilfe der obigen Texte, indem Sie ankreuzen, welche Eigenschaften die Kunststoffe haben!

Eigenschaft \ Kunststoffart	Thermoplaste	Duroplaste	Elastomere Thermoelaste
schmelzbar			
quellbar			
härtbar			
spanlos umformbar			
schweißbar			
erweichbar			
löslich			

ÜBUNG 9

Referieren Sie bitte den Inhalt der von Ihnen in Übung 8 erstellten Tabelle nach dem Muster:

		sind / sind nicht / können / können nicht / lassen sich / lassen sich nicht	.....bar. / ...(Partizip) werden. / ... (Infinitiv).
Es ist	möglich / unmöglich	, ...	zu (Infinitiv).

Lerneinheit 5

Beispiel:

—		sind	schmelzbar	
—	Thermoplaste	können	geschmolzen werden	
—		lassen sich	schmelzen	.
Es ist möglich,		—	zu schmelzen	

ÜBUNG 10

Beantworten Sie bitte die Fragen und lösen Sie die Aufgaben zu den drei Kurztexten über Thermoplaste, Duroplaste und Elastomere!

a. Welche Aussagen sind richtig?
- A Duroplaste kann man nicht mehr erweichen.
- B Alle erwärmten Kunststoffe nennt man Thermoplaste.
- C Die Elastizität der Thermoelaste hängt von der Temperatur ab.
- D Elastomere kann man durch wiederholtes Schmelzen härten.
- E Duroplaste sind nur in wenigen Lösungsmitteln lösbar.
- F Duroplaste zersetzen sich bei starker Erwärmung.
- G Elastomere sind nur schwer schmelzbar.

b. Bei welcher Temperatur sind Thermoplaste verformbar?

c. Nennen Sie einige Thermoplaste und Duroplaste anhand der Tabelle von Übung 5!

d. Worin besteht der Hauptunterschied zwischen Thermoplasten und Duroplasten?

e. Wie werden Kunststoffe genannt, die nach dem Erhärten nicht mehr erweichbar sind?

f. Wie werden Kunststoffe genannt, die bei Erwärmung weich und verformbar sind?

g. Bitte prüfen Sie, welche Lösungen Sie auch mit Hilfe der Texte und Abbildungen der Teile A, B und C gefunden hätten!

F FACHTEXTE AUF BESTIMMTE FRAGESTELLUNGEN HIN ÜBERPRÜFEN

ÜBUNG 11

Welche Schlagwörter im Lexikontext auf der nächsten Seite gehören in das Gebiet der

- A Kunststoffchemie
- B Medizin
- C Geschichte
- D Mineralogie
- E Geometrie
- F Elektrotechnik

?

Polt

Abend vor der Hochzeit; als Volksbrauch ist vielfach geräuschvolles Zerschlagen von Töpfen üblich.

Poltor azk., →Aschchabad.

P. o w e c h s l e r, ein durch Selbstunterbrecher (Wagnerscher Hammer) betätigtes Umschaltrelais, das Batterie-Gleichstrom in Wechselstrom von 25–35 Hz umwandelt. P. für höhere Frequenzen oder große Leistungen sind »Zerhacker«, »Wechselrichter«, Quecksilber-Turbinen Unterbrecher (→Unterbrecher).

poly... [griech.], *in Fremd- und Kunstwörter...* weit.: *Viel-, vielfach, viele*.

Polyaddition [lat.-griech. Kw.], ein Syntheseverfahren zur Herstellung von →Kunststoffen.

Polyakrylharze [griech. Kw.], Akr'ylharze, Polymerisate und Mischpolymerisate der Akrylsäure, der Methakrylsäure sowie deren Ester, Amide und Nitrile. Die P. sind thermoplastisch, licht- und wetterbeständig, Kunststoffe, oft glasklar (Plexiglas), auch als Faser verspinnbar (Orlon).

Polyam [griech. Kw.], Kunststoffe, die man durch Polykondensation von Diaminen mit Dikarbonsäuren oder durch Selbstkondensation von Aminokarbonsäuren erhält. Sie haben hornartige Beschaffenheit und sind in den gebräuchl. Lösungsmitteln unlöslich. Die P. werden zu Fasern (»Nylon«, 'Perlon') versponnen und zu Borsten, Bändern, Folien, Spritzgußmassen, Kunstleder u. a. verarbeitet. Ltr. A. Müller und F. Wenger: *Die P.* (1954).

Polyandrie [lat.-griech. Kw.], eine Form der »Ehe«.

Polyanionen [griech. Kw.], Alkalisalze synthetischer hochpolymerer organischer Säuren, mit denen die für die Belüftung und Entgasung von Kulturböden erforderliche Krümelung herbeigeführt werden kann. Die P. wirken durch Adsorption an den Gel gebräuchl. möglicher Salze der Polyakrylsäure oder durch Maleinsäure-Einbau abgewandeltes Polyvinylazetat.

Polyáinos grch. Polyainos, grch. Rhetor aus Makedonien, widmete 162 n. Chr. den Kaisern Mark Aurel und Lucius Verus ein Werk über Kriegslisten, 'Strategemata'.

Polyarchie [griech. Kw.], »Vielherrschaft«, die Herrschaft mehrerer in einem Staate.

Polyarthritis [griech. Kw.], Entzündung mehrerer Gelenke. *Polyarthritis rheumatica*, die der Gelenkrheumatismus (→Gelenkkrankheiten).

Polyasen [grch. Kw.], →Enzyme (ÜBERSICHT).

Polyäthylen [griech. Kw.] *das*, thermoplastischer Kunststoff, chemikalienbeständig, elektrisch isolierfähig, auch zu Fasern verarbeitbar. Herstellung durch Polymerisation unter hohem Druck oder mit Katalysatoren auch ohne Druckanwendung.

Polybasit [griech. Kw.] *der*, Mineral in den monoklinen, dünnen Tafeln, eine silber- und kupferhaltige Antimon-Schwefel-Verbindung.

Pol'ybios, griech. Geschichtsschreiber, * Megalopolis in Arkadien vor 200 v. Chr., † nach 120, aus vornehmem achäischem Geschlecht, 167 als Geisel in Rom, wurde er der Freund des Scipio Amilianus. Er verfaßte eine die Epoche von 264 bis 144/43 v. Chr. umfassende Weltgeschichte in 40 Büchern (nur die ersten vollständig erhalten, 1889–1905, z. T. in 2 Bdn. ²1922-24). Übersetzungen von Haakh und Kraz, 3 Bde. (1858-75; n. Aufl. 1922).

Polych'ord [grch. Kw.] *das*, eine am Anfang des 19. Jhs. gebräuchliche, für Akkordspiel geeignete zehnsaitige Geige.

Polychrom'ie [griech. Kw.], Vielfarbigkeit von Werken der Baukunst, der Plastik und des Kunsthandwerks im Gegensatz zur Einfarbigkeit (Monochromie), polychrom, vielfarbig, bunt. Polychrom sind die Kunst der Naturvölker und die Volkskunst. In der Baukunst diente die P. nicht nur der farbigen Belebung, sondern auch der architekton. Gliederung (Bemalung griech. Tempel, →Inkrustation italien. Fassaden). Die archaische Plastik der Griechen war bunt bemalt; in klass. Zeit wurden Augen, Lippen, Haare, Gewänder durch Farbe hervorgehoben. Farbig waren auch die Bildwerke im Inneren der mittelalterl. Kirchen (Naumburger Stifterfiguren), vor allem die Holzbildwerke, die, wie später noch im Barock, farbig gefaßt waren (→Holzbildhauerei). Die in der Renaissance aufkommende Einfarbigkeit der Plastik setzte sich im Klassizismus endgültig durch.

Polyd'eukes, Pollux, →Dioskuren.

Polydipsie [griech. Kw.], übermäßiges oder krankhaftes Durstgefühl, oft bei Diabetes.

Poly'eder [griech. Kw.] *der*, Vielflach, eine Figur, deren Oberfläche geschlossene Fläche oder der von ihr begrenzte Körper.

Polyekran [griech.-frz. Kw.], die gleichzeitige Vorführung mehrerer (bis zu acht) Filme, die sich gegenseitig ergänzen, intensivieren oder in einem Fakten konfrontiert werden u. a. Die Filme werden dabei, mit stereophon. Tonbegleitung, auf Flächen verschiedenen Formats projiziert. Das Verfahren wird seit 1958 bes. in der Tschechoslowakei entwickelt.

Poly'ester [griech. Kw.], organische Verbindungen, die eine fortlaufende Folge konjugierter Doppelbindungen enthalten. Poly'ester [griech. Kw.], aus mehrwertigen Säuren und mehrwertigen Alkoholen gebildete Stoffe hohen Molekulargewichts. Ungesättigte Polyesterharze sind durch Einbau von ungesättigten Verbindungen wie Maleinsäure oder Allylalkohol mit weiteren polymerisationsfähigen Verbindungen, z. B. Styrol, aufweisen. Sie finden Verwendung als Gießharze, hauptsächlich aber bei der Herstellung von Niederdruckpreßmassen. Große Bedeutung für die Herstellung von mechanisch stark beanspruchten Gegenständen haben die durch Glasfasern verstärkten Polyesterharze bekommen (*Glasfaserkunststoffe, Faserglasharz*); ihre Festigkeit beträgt das 10–30fache der einfacher P. Harze. Verwendung für ganze Boote, Großbehälter, Karosserien u. a.

Pol'yeuktos, athen. Bildhauer des 3. Jhs. v. Chr. Seine 280 v. Chr. auf dem Markt von Athen aufgestellte Bronzestatue des Demosthenes ist in kaiserzeitl. Repliken erhalten.

Pol'ygala [grch.-lat. Kw.] *die*, die Pflanzengatt. →Kreuzblume.

Polygamie [griech. »Mehrehe«], eine Form der »Ehe«.

Polyg'enie [griech. 'Vielerzeugt'] *die*, die Polyphylie, »polyphyletisch«.

Polygl'otte [griech. 'Vielsprachige'] *die*, mehrsprachige Ausgabe von Texten, insbes. Bibelausgaben, die neben dem hebräischen und griech. Urtext griechische, lateinische und griech. Übersetzungen enthalten.

Polyg'on ei, griech. Pol'ygnotos, griech. Maler der 1. Hälfte des 5. Jhs., schuf nach den Perserkriegen berühmte Wandgemälde, die nur durch Beschreibungen, z. T. auch durch Wiedergaben auf Vasen bekannt sind.

Polyg'on [griech. Vieleck, Streckenzug in der Ebene oder im Raum, z. B. Dreieck oder Pentagramm.

Polygon: a gewöhnliches sechsseitiges P., b überschlagenes P.

Polyg'on alnmauern, Mauern aus Blöcken, die nicht rechtwinklig zugerichtet sind. Sie überwogen in der Frühzeit Griechenlands und Italiens, wurden jedoch auch später errichtet, bes. bei Terrassen- und Festungsmauern.

Polyg'onatum [grch.], Pflanzengattung, »Weißwurz«.

Polyg'onum [grch.], Pflanzengatt., »Knöterich«.

Polyg'ramm [griech. Kw.] *der*, der »Lügendetektor«.

Polyg'ynie [griech.-lat. Kw.], »Vielweiberei«, »Ehe«.

Polyhist'or [griech.-lat. Kw.], ein Gelehrter, der das Gesamtwissen seiner Zeit umspannt. Eine solche umfassende Bildung (*Enzyklopädismus*) galt bes. dem 17. und 18. Jh. als Ideal. Bedeutende P. sind Aristoteles, Maimonides, Albertus Magnus, Leibniz und Goethe. Auch die Philosophie des 19. und 20. Jhs. zeigt noch vielfach einen Zug zum Enzyklopädismus (Hegel, A. Comte, H. Spencer, W. Wundt, E. v. Hartmann, E. Cassirer, O. Spengler).

Polyhybr'id [griech. Kw.], »Bastard«, dessen Eltern sich in mehreren Erbmerkmalen unterscheiden.

Poly

Polyhymn'ia, Polymnia [griech. Kw.], die Muse des Gesangs.

Polyisobutyl'en [griech. Kw.] *das*, polymerisiertes Isobutylen, je nach Molekülgröße zähe Öle, Weichharze oder kautschukelastische Stoffe, die zum Auskleiden von Behältern und Rohrleitungen, als Folien für Kabelumhüllungen, als Dichtungsmaterial in der Bautechnik, zur Herstellung von Klebstoffen u. a. verwendet werden. Polykarbonate sind mit →Kohlensäure hochschmelzende Kunststoffe, ihrer Struktur nach Polyester der Kohlensäure, aus denen Fasern, Filme, Blasfolien, Spritzguß- und Preßkörper hergestellt werden. P. sind sehr fest, schwig, durchlässig für Wasserdampf, schwer entflammbar und besitzen günstige elektrische Eigenschaften.

Polyk'arp [grch.], Heiliger, Märtyrer, Bischof von Smyrna, † 155/56, nach anderen um 164, 168 oder 177. P. hat einen Brief an die Philipper hinterlassen. Tag: 26. 1.

Polykl'et, griech. Bildhauer der 2. Hälfte des 5. Jhs., bekannt durch viele kaiserzeitl. Marmorkopien seiner Bronzestandbilder, bes. des »Doryphoros' (Rekonstruktion: Bild Kontrapost) und →Diadumenos'. Er schuf auch die Goldelfenbeinbildwerk der Hera in Argos (Kopf auf Münzen wiedergegeben) und legte in seiner Schrift »Kanon« die Maßverhältnisse der menschl. Körpers fest. Seine gedrungenen Gestalten verkörpern ein klass. Kontrapost.

Polykondensation [lat.-griech. Kw.], ein Syntheseverfahren zur Herstellung von →Kunststoffen.

Pol'ykrates, Tyrann von Samos (um 538 v. Chr.), beherrschte mit seiner großen Flotte weithin das Ägäische Meer. P. entfaltete eine großartige Bautätigkeit (Wasserleitung, Hafenmole, Heratempel) und zog Dichter und Künstler an seinen Hof, durch den pers. Satrapen Oroites wurde er durch Magnesia gelockt und P (1797.). von Schiller: *Der Ring des P.*, 1. D chem. Verbindungen bei denen viele gleiche oder gleichartige. Grundmoleküle (Monomere) fest miteinander verbunden sind (Polymerie), 2) durch mehrere Erbanlagen bedingt.

Polymerisation ein Syntheseverfahren zur Herstellung von →Kunststoffen.

Polym'eter [griech. Kw., »Vielmesser«, *Verslehre:* →Streckvers. polymetrisch, »polyrhythmisch«.

Polymorph'ie [griech. Kw.], Dimorphie, das Vermögen chemischer Verbindungen, bei gleicher stöchiometrischer Zusammensetzung verschiedene Modifikationen zu bilden, d. h. in verschiedenen Kristallstrukturtypen zu kristallisieren. So kommt Siliziumdioxyd zu kristallisieren. So kommt Siliziumdioxyd in der Natur als Quarz, Tridymit, Kristobalit vor, die sich in ihren Kristallgittern stark unterscheiden und sich nur schwer ineinander umwandeln. Bei anorganischen Verbindungen beruht P. meist auf unterschiedlicher Atompackung oder Atombindung. Die P. organ. Verbindungen ist

ÜBUNG 12

Beantworten Sie bitte die Fragen zu dem folgenden Text! Sie haben den Text ausreichend verstanden, wenn Sie die Fragen beantwortet haben.

a. Aus welchem Kunststoff werden Klebstoffe hergestellt?
b. Welchen Handelsnamen hat Polymethylmethacrylat?
c. Welcher Kunststoff hat eine besonders hohe Wärmefestigkeit?
d. Von wie vielen Kunststoffen können Sie den spezifischen Widerstand nennen?
e. Bei welcher Temperatur schmilzt Nylon?
f. Wozu dient PVC in der Elektrotechnik?
g. Welcher Kunststoff eignet sich als Lederersatz?
h. Welche Kunststoffe sind durchsichtig?
i. Welche Kunststoffe lassen sich leicht färben?
k. Welchen Geruch hat PVC?

Bereiten Sie bitte weitere Fragen und Aufgaben zu dem Text vor und stellen Sie sie der Klasse!

Dichte 1,38 kg/dm³ ε_r 3,4...4 tan δ 0,02 E_d 20...50 kV/mm ϱ_D 10^{16} Ωcm	**Polyvinylchlorid (PVC)** ist farblos und durchsichtig, kann aber durch Zusatz von Farbstoffen beliebig gefärbt werden. Es ist geruch- und geschmackfrei und gegen Laugen, Salze und schwache Säuren sowie gegen Benzin sehr beständig. Im ursprünglichen Zustand ist PVC hart und neigt in der Kälte zum Sprödwerden. Es kann durch Weichmacher dauerhaft leder-oder gummiartig weichgemacht (weichgestellt) werden. In der Elektrotechnik dient PVC z.B. zur Isolation von Kabeln und Leitungen sowie zur Herstellung von Isolierschläuchen.

* thermos (griech.) = Wärme
** duros (griech.) = hart

Dichte 1...1,2 kg/dm³ ε_r 2,3...2,8 tan δ 0,0002...0,001 E_d 50 kV/mm ϱ_D 10^{16} Ωcm	**Polystyrol (PS)** ist ein vielverwendeter Kunststoff, dessen Ausgangsstoff Kohle ist. Meist wird das Polystyrol im Spritzgußverfahren verarbeitet. In reinem Zustand ist es spröde und glasklar. Polystyrol wird wegen seines hohen Widerstandes und der sehr geringen dielektrischen Verluste in der Elektrotechnik vielseitig verwendet, insbesondere in der Hochfrequenztechnik zur Herstellung von Spulenkörpern,

Klemmleisten, Isolierfolien. Als Schaumstoff (Styropor ε_r = 1,08, tan δ = 0,00015) dient es zur Isolierung und Zentrierung des Leiters in abgeschirmten Hochfrequenzleitungen, ferner als hochwertiges Isoliermittel für Wärme und als Verpackungsmittel.

Dichte 0,92 kg/dm³ ε_r 2,3 tan δ 0,0004 E_d 60...150 kV/mm ϱ_D 10^{15} Ωcm	**Polyäthylen (PE)** hat ausgezeichnete elektrische Eigenschaften, die von der Temperatur und Frequenz nahezu unabhängig sind, und gute mechanische Eigenschaften, insbesondere hohe Zähigkeit und Dehnung. Es ist beständig gegen die gebräuchlichen Lösungsmittel und verdünnte Säuren. Verwendung: Spritzguß- und Preßteile, Folien für Isolierung und Verpackung, Mantelisolation für Kabel, Isolation für Antennenleitungen.

Polyamid (PA), bekannt unter den Handelsnamen Perlon, Nylon und Ultramid, ist ein synthetischer Stoff, der bis etwa 100 °C formbeständig, gegen gebräuchliche Lacklösungsmittel widerstandsfähig, sehr zäh und abriebfest ist.

Verwendung: Der Werkstoff wird wegen seiner günstigen Gleiteigenschaften für geräuscharme Zahnräder, z. B. für Tachometer, für Lagerbüchsen und in der Elektrotechnik z. B. für elektrische Steckvorrichtungen, für Elektrohandwerkzeuge und für Mauerdübel verwendet.

Polytetrafluoräthylen (PTFE) hat eine große Dichte (2,1 kg/dm³), ist äußerst beständig gegen chemische Einwirkungen und Lösungsmittel und ist warmfest bis 320 °C.
Verwendung: Nutisolation im Elektromaschinenbau, Kabelisolation, Leiterisolation, elektrisch und thermisch hochwertige Spritzgußteile.

Polyisobutylen (PIB) ist bei Raumtemperatur eine zähflüssige Substanz. Es wird in der Elektrotechnik als Isolieröl, zur Herstellung von Klebstoffen, in Mischungen mit Naturwachsen zu Vergußmassen, in Mischung mit Polyäthylen, Natur- oder Kunstgummi für besonders wasserfeste und ozonbeständige Isolierungen, z. B. bei Kabeln, verwendet.

Polymethylmethacrylat (PMMA; Acrylglas) ist vor allem unter dem Handelsnamen Plexiglas bekannt. Es wird z. B. für Beleuchtungskörper, für durchsichtige Abdeckungen an Schaltkästen und als Austauschwerkstoff für Glas verwendet.

Duroplaste (Duromere)

Die härtbaren Kunststoffe sind synthetische Harze, die durch Erwärmung bis 180 °C oder chemisch — durch Zusatz von Härtemitteln — gehärtet werden können. Duroplaste sind in gehärtetem Zustand nicht mehr erweichbar, nicht lösbar und schwer brennbar.

Phenolharz (PF; Phenolformaldehyd). Aus Phenol (auch Karbolsäure genannt) und Formalin (Formaldehydgas CH_2O in Wasser gelöst) erhält man das Kunstharz Phenolformaldehyd, auch Phenolharz genannt. Der Karbolgeruch haftet dem Harz und seinen Erzeugnissen lange an. Die ursprünglich hellgelben Phenolharze sind nicht lichtecht. Sie werden am Tageslicht dunkelrotbraun.
Verwendung: Preßteile; Grundlage für Phenolharzlacke.

Harnstoffharz (UF). Aus synthetischem Harnstoff (aus Luftstickstoff gewonnen) und Formaldehyd wird das Harnstoffformaldehyd hergestellt, das auch Harnstoffharz genannt wird. Da es von Natur glasklar und lichtecht ist, läßt es sich auch zu hellfarbigen und weißen Preßteilen verarbeiten. Harnstoffharz ist geruchlos und geschmackfrei.
Verwendung: Hellfarbige oder weiße elektrische Isolier- und Schalterteile, Leuchtenschalen, Hartpapierplatten (Resopalplatten), Lacke, Warm- und Kaltleim (Kauritleim).

Melaminharz (ME), auch Melaminformaldehyd genannt, wird aus Calciumcarbid und Stickstoff gewonnen. Es hat etwa dieselben Eigenschaften und Anwendungen wie Harnstoffharz.

G REGEL UND AUSNAHME

ÜBUNG 13

Bitte formulieren Sie die Regel und die Ausnahme!
Beispiel:

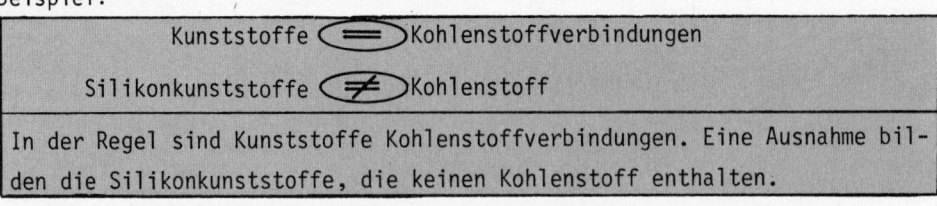

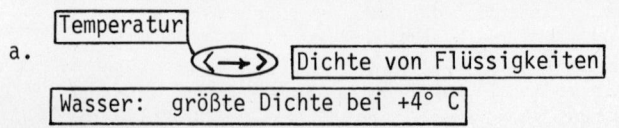

| Kunststoffe = Kohlenstoffverbindungen |
| Silikonkunststoffe ≠ Kohlenstoff |

In der Regel sind Kunststoffe Kohlenstoffverbindungen. Eine Ausnahme bilden die Silikonkunststoffe, die keinen Kohlenstoff enthalten.

a. Temperatur ⟷ Dichte von Flüssigkeiten
Wasser: größte Dichte bei +4° C

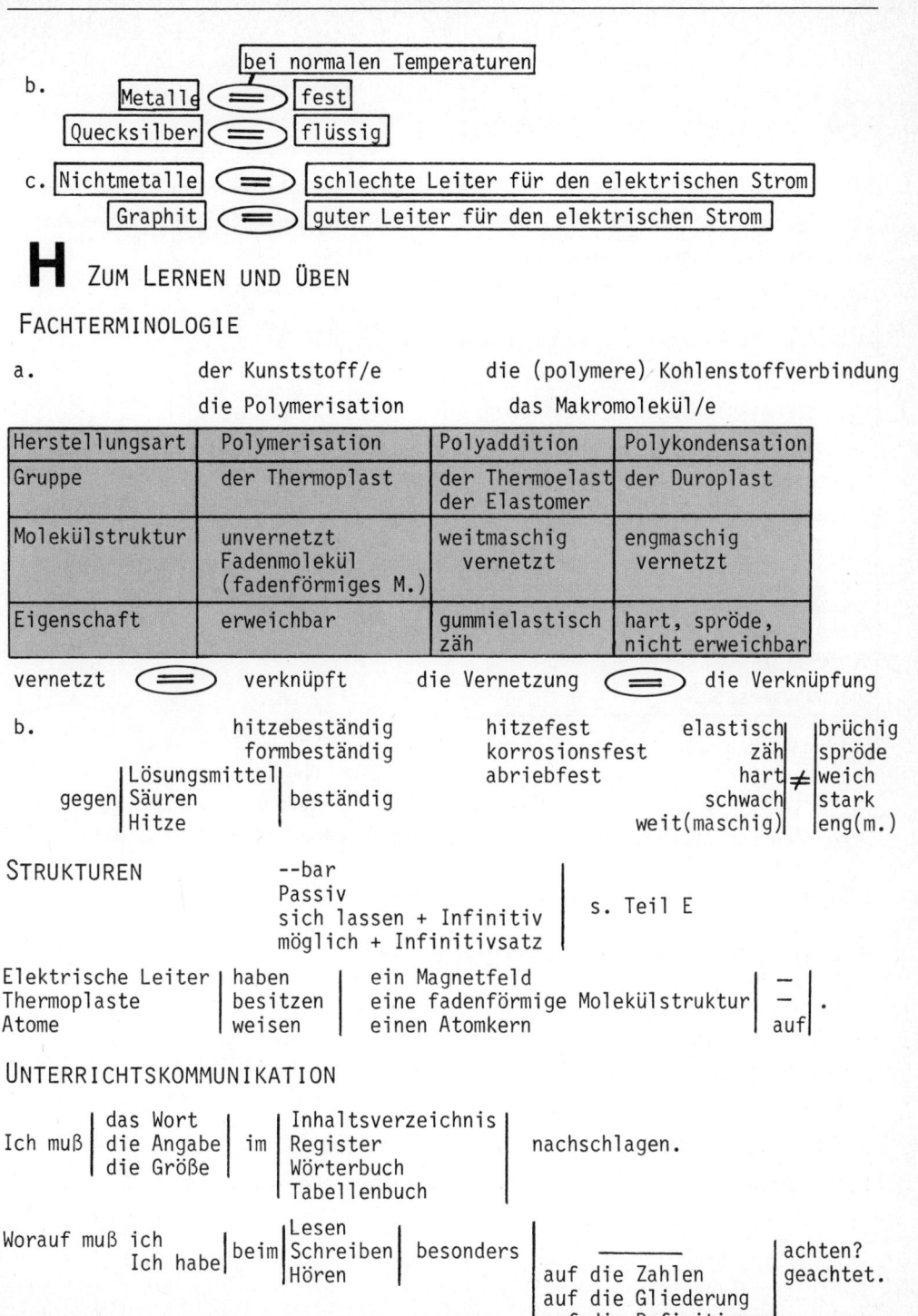

b.
```
                    bei normalen Temperaturen
         Metalle  ⟮=⟯  fest
      Quecksilber ⟮=⟯  flüssig
```
c. Nichtmetalle ⟮=⟯ schlechte Leiter für den elektrischen Strom
      Graphit   ⟮=⟯ guter Leiter für den elektrischen Strom

H Zum Lernen und Üben

Fachterminologie

a.　　　　der Kunststoff/e　　　die (polymere) Kohlenstoffverbindung
　　　　　die Polymerisation　　　das Makromolekül/e

Herstellungsart	Polymerisation	Polyaddition	Polykondensation
Gruppe	der Thermoplast	der Thermoelast der Elastomer	der Duroplast
Molekülstruktur	unvernetzt Fadenmolekül (fadenförmiges M.)	weitmaschig vernetzt	engmaschig vernetzt
Eigenschaft	erweichbar	gummielastisch zäh	hart, spröde, nicht erweichbar

vernetzt ⟮=⟯ verknüpft　　die Vernetzung ⟮=⟯ die Verknüpfung

b.
```
              hitzebeständig      hitzefest       elastisch| brüchig
              formbeständig       korrosionsfest       zäh| spröde
       |Lösungsmittel|             abriebfest     hart ≠ weich
   gegen|Säuren      | beständig                  schwach| stark
       |Hitze        |                       weit(maschig)| eng(m.)
```

Strukturen

```
                --bar
                Passiv
                sich lassen + Infinitiv    | s. Teil E
                möglich + Infinitivsatz    |
```

```
Elektrische Leiter | haben    | ein Magnetfeld                    | —  |
Thermoplaste       | besitzen | eine fadenförmige Molekülstruktur | —  | .
Atome              | weisen   | einen Atomkern                    | auf|
```

Unterrichtskommunikation

```
         | das Wort   |    | Inhaltsverzeichnis |
Ich muß  | die Angabe | im | Register           | nachschlagen.
         | die Größe  |    | Wörterbuch         |
                           | Tabellenbuch       |
```

```
Worauf muß ich      |      | Lesen     |           |                     | achten?
       Ich habe     | beim | Schreiben | besonders | ——————              | geachtet.
                           | Hören     |           | auf die Zahlen      |
                                                   | auf die Gliederung  |
                                                   | auf die Definitionen|
```

6

Der elektrische Strom

A Der elektrische Stromkreis

Bitte sehen Sie sich zuerst die Abbildung an, danach die Fragen zum Text. Dann erst lesen Sie den Text. Sie haben den Text ausreichend verstanden, wenn Sie die Fragen beantworten können.

> **Elektrische Spannung**
> Beim Generator wird an einem Anschluß ein Elektronenüberschuß (Minuspol), am anderen Anschluß ein Elektronenmangel (Pluspol) erzeugt. Dadurch entsteht ein Elektronen-Druckunterschied, den man elektrische Spannung nennt.
> Die elektrische Spannung wird in Volt (V) gemessen. Das Meßgerät für die elektrische Spannung nennt man Spannungsmesser.

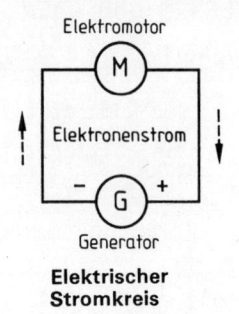

Elektrischer Stromkreis (Abbildung: Elektromotor M, Elektronenstrom, Generator G mit − und + Anschlüssen)

ÜBUNG 1

Beschriften Sie bitte die Abbildung: Minuspol, Pluspol, Anschluß, Stromrichtung, Verbraucher, Erzeuger, Leiter, Widerstand, Stromquelle

ÜBUNG 2

Fragen und Aufgaben zum Text und zur Abbildung

a. Was ist das Gegenteil von Elektronenmangel?
b. Wie heißt das Meßgerät für die elektrische Spannung?
c. Wie heißt der Gegenpol zum Pluspol?
d. Wodurch wird der Elektronenüberschuß erzeugt?
e. Wie kann man den Begriff Spannung definieren?
f. In welcher Einheit wird die elektrische Spannung gemessen?

ÜBUNG 3

Bitte vergleichen Sie die Verformelung mit dem Text auf der vorigen Seite!

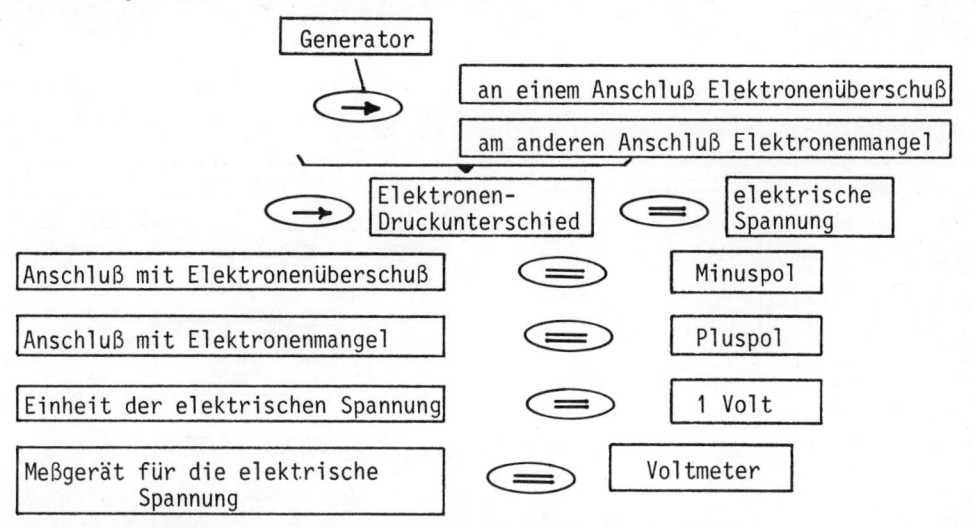

Generator → :
- an einem Anschluß Elektronenüberschuß
- am anderen Anschluß Elektronenmangel

→ Elektronen-Druckunterschied = elektrische Spannung

Anschluß mit Elektronenüberschuß = Minuspol

Anschluß mit Elektronenmangel = Pluspol

Einheit der elektrischen Spannung = 1 Volt

Meßgerät für die elektrische Spannung = Voltmeter

Bitte referieren Sie den Text, indem Sie die obigen Symbole folgendermaßen versprachlichen!

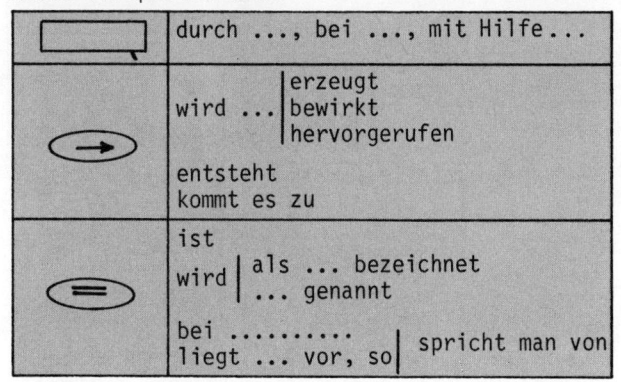

Symbol	Versprachlichung
▭	durch ..., bei ..., mit Hilfe ...
→	wird ... erzeugt / bewirkt / hervorgerufen entsteht kommt es zu
=	ist wird ... als ... bezeichnet / ... genannt bei .... liegt ... vor, so spricht man von

Bitte überlegen Sie, welche von den angebotenen Versprachlichungsmöglichkeiten Ihnen am passendsten erscheint, welche noch akzeptabel ist und welche weniger gut paßt.

Ihr Text:

....
....
....
....
....

B SCHALTZEICHEN

ÜBUNG 4

Beschriften Sie bitte die beiden Abbildungen unten, nachdem Sie den Text und die danebenstehende Tabelle durchgesehen haben!

Um einen Stromkreis möglichst einfach zeichnen zu können, verwendet man für die Darstellung der Schaltelemente genormte Sinnbilder, die man S c h a l t z e i c h e n nennt. In einem Schaltplan werden elektrische Einrichtungen durch Schaltzeichen dargestellt.

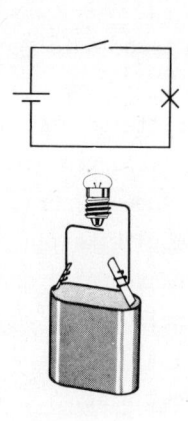

Schaltzeichen		
Benennung	Bild	Schaltzeichen
Leitung		
Leitungskreuzung		
Leitende Verbindung		
Batterie		
Glühlampe		
Schalter		ohne / mit Darstellung der Verbindungsstellen

ÜBUNG 5

Fragen zum Text, zur Tabelle und zu den Abbildungen

a. Welche Schaltelemente kommen im Schaltplan vor?
b. Wozu benötigt man die Schaltzeichen?
c. Welche elektrischen Einrichtungen sind in der Abbildung erkennbar?
d. Was bedeutet dieses Schaltzeichen: ⎯⎯|⎯|⎯⎯ ?
e. Wozu dient der Schaltplan?
f. Sind Batterie und Glühlampe Erzeuger oder Verbraucher?

C Zusammengesetzte Substantive

Übung 6

Beispiel: Eine Spannung wird gemessen.	Substantiv A + Substantiv B die Spannungsmessung
a. Elektrizität wird gewonnen.	die ....
b. Benzin wird hergestellt.	die ....
c. Ein Versuch wird beschrieben.	die ....
d. Energie geht verloren.	der ....
e.	die Textzusammenfassung
f.	der Wärmeaustausch
g.	die Werkstoffprüfung
h.	die Stahlerzeugung
i.	die Fragestellung

Übung 7

Substantiv A + Substantiv B	Substantiv B besteht aus / enthält Substantiv A
Beispiel: die Salzlösung das Metallband	Die Lösung enthält Salz. Das Band besteht aus Metall.
a. der Glasstab	....
b. die Metallplatte	....
c. das Tabellenbuch	....
d. das Eisenteil	....
e. der Metallüberzug	....
f. der Stickstoffdünger	....
g. das Benzingemisch	....
h. der Eisenkern	....
i. die Entfernungstabelle	....

D Die Wirkungen des elektrischen Stromes

ÜBUNG 8

Beschriften Sie bitte die Abbildungen mit Hilfe der Texte!

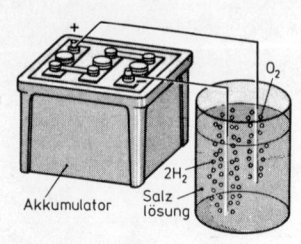

Chemische Wirkung des elektrischen Stromes

Bitte beschriften Sie:

A Klemme, B Draht,
C Drahtende, D Gefäß,
E Gasblasen

Schließen Sie zwei Drähte an einen Akkumulator an und tauchen Sie die beiden Enden in ein Gefäß mit Wasser, in dem beispielsweise etwas Natriumsulfat (Na_2SO_4) gelöst ist. An den Drahtenden bilden sich Gasblasen. Das Wasser wird in seine Bestandteile Wasserstoff und Sauerstoff zerlegt. Der elektrische Strom zerlegt leitende, nichtmetallische Flüssigkeiten. Man nennt diesen Vorgang Elektrolyse.

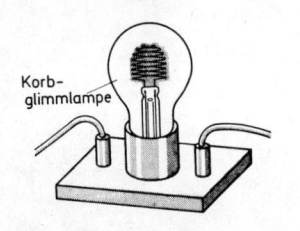

Licht-Wirkung des elektrischen Stromes

Bitte beschriften Sie:

A Korb-Glimmlampe, B Gas,
C Wendeln, D Anschlüsse

Schließen Sie eine Korb-Glimmlampe an eine Steckdose (220 V) an. Die Glimmlampe leuchtet. In der Lampe leuchten die Wendeln nicht selbst. Die Lichtwirkung tritt erst in einigem Abstand von den Wendeln auf. Die Glimmlampe enthält Gas mit geringem Druck. Der elektrische Strom bringt das Gas in der Lampe zum Leuchten, erwärmt es aber nur wenig. Das Leuchten der Glimmlampe beruht auf der Lichtwirkung des elektrischen Stromes.

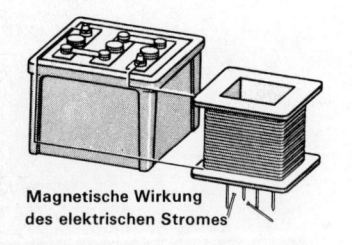

Magnetische Wirkung des elektrischen Stromes

Bitte beschriften Sie:

A Kupferdraht, B Klemme,
C Spule, D Nägel,
E Akkumulator

Schließen Sie eine Spule aus Kupferdraht an die Klemmen eines Akkumulators an und halten Sie die Spule über kleine Eisenteile, wie beispielsweise Nägel. Sobald Strom durch die Spule fließt, werden die Nägel angezogen. Eine stromdurchflossene Spule zieht Eisen wie ein Magnet an. Jeder Strom zeigt in seiner Umgebung eine magnetische Wirkung.

Spannen Sie zwischen zwei Klemmen einen Konstantandraht von etwa 0,3 mm Durchmesser und schließen Sie die Drahtenden an einen einstellbaren Versuchstransformator an. Erhöhen Sie langsam den Strom. Der Draht erwärmt sich, glüht und schmilzt schließlich durch. Der elektrische Strom erwärmt jeden Leiter.

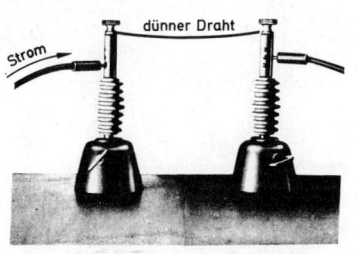

Wärme-Wirkung des elektrischen Stromes

Beschriften Sie:
A Strom, B Konstantandraht, C Klemme

ÜBUNG 9

Beschreiben Sie bitte nach der untenstehenden Gliederung zwei der Versuche, für die Sie sich besonders interessieren!

a. Versuchsbeschreibung 1

Überschrift: ....

Geräte: ....

....

Durchführung: ....

Beobachtung: ....

Erklärung: ....

Regel: ....

....

b. Versuchsbeschreibung 2

....

....

....

....

....

....

E Hörtext: Grundbegriffe der Elektrotechnik

Bevor Sie den Text hören, sehen Sie sich bitte die Tabellen und Formeln in Ruhe an und lesen Sie die Fragen und Aufgaben in Übung 10!

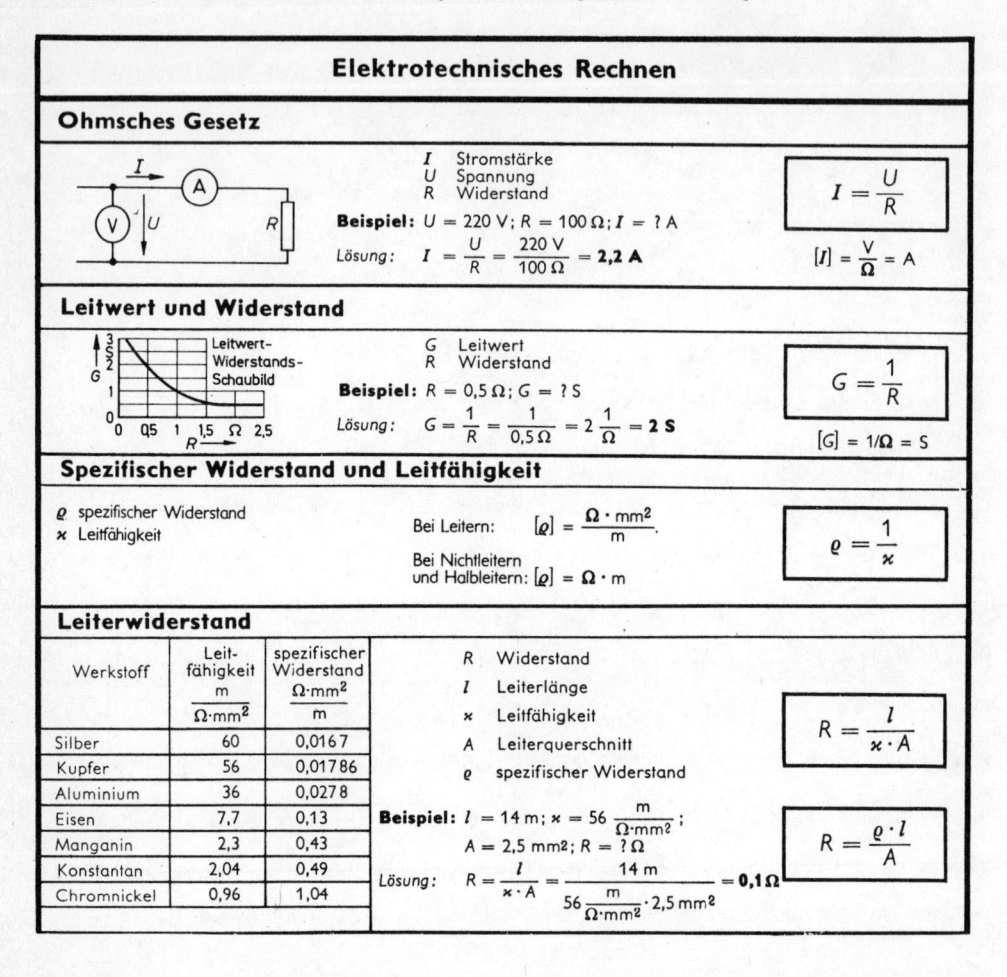

Elektrotechnisches Rechnen

Ohmsches Gesetz

I Stromstärke
U Spannung
R Widerstand

Beispiel: $U = 220\,V; R = 100\,\Omega; I = ?\,A$

Lösung: $I = \dfrac{U}{R} = \dfrac{220\,V}{100\,\Omega} = 2{,}2\,A$

$$I = \dfrac{U}{R}$$

$[I] = \dfrac{V}{\Omega} = A$

Leitwert und Widerstand

G Leitwert
R Widerstand

Beispiel: $R = 0{,}5\,\Omega; G = ?\,S$

Lösung: $G = \dfrac{1}{R} = \dfrac{1}{0{,}5\,\Omega} = 2\dfrac{1}{\Omega} = 2\,S$

$$G = \dfrac{1}{R}$$

$[G] = 1/\Omega = S$

Spezifischer Widerstand und Leitfähigkeit

ϱ spezifischer Widerstand
$\varkappa$ Leitfähigkeit

Bei Leitern: $[\varrho] = \dfrac{\Omega \cdot mm^2}{m}$

Bei Nichtleitern und Halbleitern: $[\varrho] = \Omega \cdot m$

$$\varrho = \dfrac{1}{\varkappa}$$

Leiterwiderstand

Werkstoff	Leitfähigkeit $\dfrac{m}{\Omega \cdot mm^2}$	spezifischer Widerstand $\dfrac{\Omega \cdot mm^2}{m}$
Silber	60	0,0167
Kupfer	56	0,01786
Aluminium	36	0,0278
Eisen	7,7	0,13
Manganin	2,3	0,43
Konstantan	2,04	0,49
Chromnickel	0,96	1,04

R Widerstand
l Leiterlänge
$\varkappa$ Leitfähigkeit
A Leiterquerschnitt
ϱ spezifischer Widerstand

Beispiel: $l = 14\,m; \varkappa = 56\,\dfrac{m}{\Omega \cdot mm^2}$;
$A = 2{,}5\,mm^2; R = ?\,\Omega$

Lösung: $R = \dfrac{l}{\varkappa \cdot A} = \dfrac{14\,m}{56\,\dfrac{m}{\Omega \cdot mm^2} \cdot 2{,}5\,mm^2} = 0{,}1\,\Omega$

$$R = \dfrac{l}{\varkappa \cdot A}$$

$$R = \dfrac{\varrho \cdot l}{A}$$

ÜBUNG 10

a. Handelt der Text

    A von der Herstellung elektrischer Geräte
    B von den Gefahren des elektrischen Stromes
    C von der Temperatur elektrischer Leiter
    D vom Ohmschen Gesetz
    E vom Elektromagnetismus
    F von der Spannungserzeugung
    G vom Widerstand elektrischer Leiter

?

Lerneinheit 6

Zur Beantwortung der weiteren Fragen können Sie den Text noch ein zweites Mal hören.

b. Welche andere Bezeichnung für Heißwiderstände kommt im Text vor?
c. Wie verändert sich der Widerstand eines Metalls, wenn es abgekühlt wird?
d. Wie verändert sich der Widerstand eines Metalls, wenn es erhitzt wird?
e. Was verstehen Sie unter dem Querschnitt eines Leiters: seine Länge, sein Profil, seine chemische Zusammensetzung, seine Dicke oder seine Temperatur?
f. Wie ist der spezifische Widerstand eines Leiters definiert?

F DIE KORRELIERUNG

In Teil F von Lerneinheit 4 haben Sie bereits gesehen, daß in fachsprachlichen Texten viele Größen direkt oder indirekt k o r r e l i e r t sind. Dies wird anhand des OHMSCHEN GESETZES demonstriert:

Stromstärke = $\frac{\text{Spannung}}{\text{Widerstand}}$	$I = \frac{U}{R}$	OHMSCHES GESETZ
Die Stromstärke ist um so |größer / höher|, je |größer / höher / stärker| die Spannung ist.		
Die Stromstärke ist um so |kleiner / geringer / niedriger|, je |größer / höher / stärker| der Widerstand ist.		

ÜBUNG 11

Bitte korrelieren Sie die Größen, indem Sie eine der obigen Ausdrucksweisen auswählen! Suchen Sie dazu noch mündlich Varianten!

a. spezifischer Widerstand = $\frac{1}{\text{Leitfähigkeit}}$ $\varrho = \frac{1}{\varkappa}$

....

....

b. Geschwindigkeit = $\frac{\text{Weg}}{\text{Zeit}}$ $v = \frac{s}{t}$

....

....

ÜBUNG 12

Die Größen in der nebenstehenden Tabelle und Formel verhalten sich entweder direkt oder umgekehrt proportional zueinander. Bitte korrelieren Sie die Größen!

R	Widerstand
ϱ	spezifischer Widerstand
l	Leiterlänge
$\varkappa$	Leitfähigkeit
A	Querschnitt

$$R = \frac{\varrho \cdot l}{A}$$

$$R = \frac{l}{\varkappa \cdot A}$$

a. Widerstand - Länge des Leiters

....

....

b. Widerstand - Querschnitt des Leiters

....

....

c. Leitfähigkeit - Widerstand

....

....

G Textproduktion nach einem Modell

ÜBUNG 13

Beschreiben Sie bitte den geschlossenen Hydraulik-Kreislauf nach dem Modell der elektrischen Spannung in Teil A!

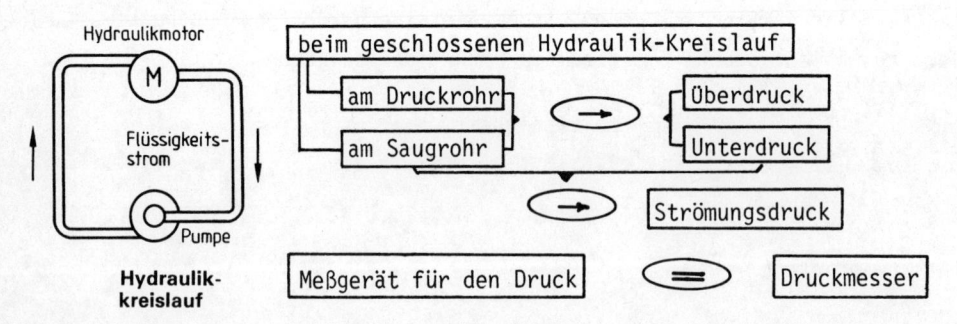

Hydraulikkreislauf (Hydraulikmotor M, Flüssigkeitsstrom, Pumpe)

beim geschlossenen Hydraulik-Kreislauf:
- am Druckrohr → Überdruck
- am Saugrohr → Unterdruck
- → Strömungsdruck
- Meßgerät für den Druck = Druckmesser

Ihr Text:

Beim ....

....

....

Dadurch ....

....

....

Das ....

....

H Ober- und Unterbegriff in Definitionen

ÜBUNG 14

Suchen Sie bitte in den folgenden Definitionen den Begriff, der definiert wird (1), den Oberbegriff (2) und die näheren Angaben (3)! (vgl. Lerneinheit 3 Teil F)

a. Unter einer Turbine versteht man eine Maschine, mit der Strömungsenergie in Rotationsenergie umgewandelt wird.

(1) ....
(2) ....
(3) ....
....

b. Unter Wechselstrom versteht man elektrischen Strom, dessen Richtung und Stärke sich in schneller Folge ändern.

(1) ....
(2) ....
(3) ....
....

c. Ein Gerät, mit dem man eine Wechselspannung in eine andere Wechselspannung umformen kann, wird als Transformator bezeichnet.

(1) ....
(2) ....
(3) ....
....

d. Um Gleichstrom in Wechselstrom umzu- (1) ....
wandeln, benötigt man ein Gerät, das (2) ....
als Wechselrichter bezeichnet wird. (3) ....
....

e. Ein Wasserkraftwerk ist eine Anlage (1) ....
zur Umwandlung der potentiellen Energie (2) ....
des Wassers in elektrische Energie. (3) ....
....

ÜBUNG 15

Bitte definieren Sie!

a. (1) Wärmekraftwerk   ....
   (2) Anlage   ....
   (3) fossile und nukleare   ....
      Energie in elektrische
      Energie umwandeln   ....

b. (1) Wirkungsgrad   ....
   (2) Begriff aus der Tech-   ....
      nik
   (3) Verhältnis von abge-   ....
      gebener und zugeführter   ....
      Leistung angeben

c. (1) Niederspannung   ....
   (2) elektrische Spannung   ....
   (3) bis zu 1 kV   ....

d. (1) Umspannwerk   ....
   (2) Anlage   ....
   (3) elektrische Energie   ....
      von einer Spannung in die
      andere überführen   ....

e. (1) Hochspannung   ....
   (2) elektrische Spannung   ....
   (3) zwischen 15 und 60 kV   ....

ZUSAMMENGESETZTE SUBSTANTIVE

ÜBUNG 16

| Verb + Substantiv | = | ein / eine (Substantiv), | die / der / das | (Verb) oder (Verb) kann |

Beispiel:
Der Schadstoff ist ein Stoff, der schadet oder schaden kann.

a. Die Sperrschicht ....

b. Die Glimmlampe ....

c. Das Trennblech ....

d. Die Schmelzsicherung ....

e. Die Störgröße ....

f. Der Wechselstrom ....

ÜBUNG 17

| Verb + Substantiv | = | ein / eine (Subst.), | die / der / das | zum (Verb) dient / zum (Verb) verwendet wird |
| | | | mit | deren / dessen Hilfe man (Verb) |

Die Schleifmaschine ist eine Maschine, die zum Schleifen dient / die zum Schleifen verwendet wird / mit deren Hilfe man schleift.

a. Die Bohrmaschine ....

b. Das Meßgerät ....

c. .... ist ein Mittel, mit dessen Hilfe man isoliert.

d. .... ist ein Stift, der zum Schreiben verwendet wird.

e. Das Kühlsystem ....

f. Die Steuerspule ....

g. .... ist ein Text, der zum Hören dient.

h. .... ist eine Maschine, mit deren Hilfe man fräst.

i. Das Schweißgerät ....

K ZUM LERNEN UND ÜBEN

FACHVOKABULAR

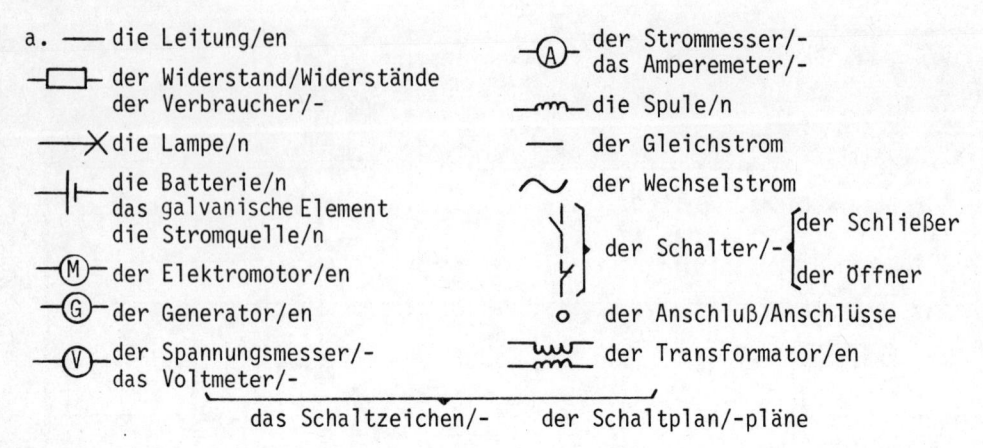

a. — die Leitung/en
    der Widerstand/Widerstände
    der Verbraucher/-
    die Lampe/n
    die Batterie/n
    das galvanische Element
    die Stromquelle/n
    der Elektromotor/en
    der Generator/en
    der Spannungsmesser/-
    das Voltmeter/-

    der Strommesser/-
    das Amperemeter/-
    die Spule/n
    der Gleichstrom
    der Wechselstrom
    der Schalter/- { der Schließer
                    der Öffner
    der Anschluß/Anschlüsse
    der Transformator/en

    das Schaltzeichen/-   der Schaltplan/-pläne

b. der Elektronenüberschuß }
    der Elektronenmangel   der Elektronendruckunterschied

U die Spannung/en
I der Strom/Ströme $I = \dfrac{U}{R}$
R der Widerstand/Widerstände
G der Leitwert $G = \dfrac{1}{R}$
l die Leiterlänge
A der Leiterquerschnitt $\varrho = \dfrac{1}{\kappa}$
ϱ der spezifische Widerstand
κ die Leitfähigkeit $R = \dfrac{1}{\kappa \cdot A}$ $R = \dfrac{\varrho \cdot l}{A}$

STRUKTUREN

a. Durch (+Akkusativ) | | wird (+Nominativ) | | erzeugt
                            | (a.) | | (b.) | bewirkt
                            | | | | hervorgerufen .
    Mit Hilfe (+Genitiv) | | kommt es zu (+Dativ) | | --
                            | | entsteht (+Nominativ) | | --

b. Für die | Erzeugung | der | | | benötigen wir | | (Akk.)
            | Herstellung | des | (+Genitiv) (b.) | wird   (Nom.) | (a.) | benötigt .
            | Messung | | | | | |
            | ⋮ | | | | | |

c. Zur Struktur der Korrelierung s. Teil F.

UNTERRICHTSKOMMUNIKATION

Der Text | | in der | vorigen | Lerneinheit | -
Die Abbildung | steht | auf der | folgenden | Seite | -
Die Angabe | befindet sich | in der | nächsten | Abbildung | -
Die Formel | kommt | im | übernächsten | Beispiel |
               | | in der | | Übung | vor .

7

DER MAGNETISMUS

A GRUNDBEGRIFFE DES MAGNETISMUS

ÜBUNG 1

Bitte beantworten Sie die Fragen und lösen Sie die Aufgaben anhand der Tabelle!

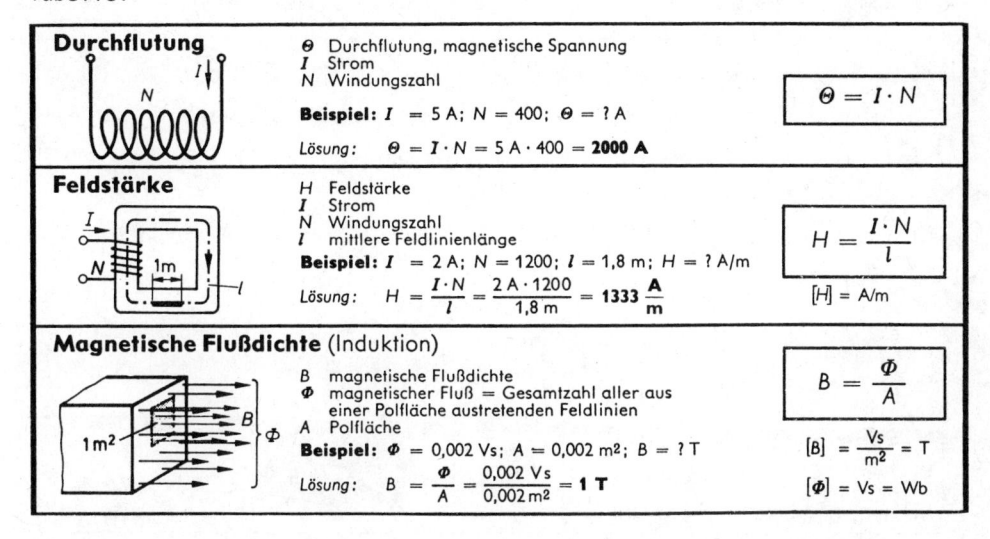

Durchflutung	Θ Durchflutung, magnetische Spannung I Strom N Windungszahl **Beispiel:** $I = 5$ A; $N = 400$; $\Theta = ?$ A Lösung: $\Theta = I \cdot N = 5$ A $\cdot 400 = $ **2000 A**	$\Theta = I \cdot N$
Feldstärke	H Feldstärke I Strom N Windungszahl l mittlere Feldlinienlänge **Beispiel:** $I = 2$ A; $N = 1200$; $l = 1,8$ m; $H = ?$ A/m Lösung: $H = \dfrac{I \cdot N}{l} = \dfrac{2\,\text{A} \cdot 1200}{1,8\,\text{m}} = 1333\,\dfrac{\text{A}}{\text{m}}$	$H = \dfrac{I \cdot N}{l}$ $[H] = $ A/m
Magnetische Flußdichte (Induktion)	B magnetische Flußdichte Φ magnetischer Fluß = Gesamtzahl aller aus einer Polfläche austretenden Feldlinien A Polfläche **Beispiel:** $\Phi = 0,002$ Vs; $A = 0,002$ m²; $B = ?$ T Lösung: $B = \dfrac{\Phi}{A} = \dfrac{0,002\,\text{Vs}}{0,002\,\text{m}^2} = $ **1 T**	$B = \dfrac{\Phi}{A}$ $[B] = \dfrac{\text{Vs}}{\text{m}^2} = $ T $[\Phi] = $ Vs = Wb

a. Wann haben Sie die Grundlagen des Magnetismus kennengelernt? In der Schule, während des Studiums, bei der Berufsausbildung oder ......?

b. Welche Begriffe waren Ihnen schon vor dem Betrachten der Tabelle bekannt, sind Ihnen jetzt wieder klar geworden, sind Ihnen immer noch unklar?

c. Vervollständigen Sie bitte die folgenden Definitionen:

   A Unter Durchflutung versteht man das Produkt aus ....
   ....

   B Unter Feldstärke versteht man den Quotienten aus ....
   ....

   C Unter der magnetischen Flußdichte versteht man den Quotienten aus
   ....

d. Bitte formulieren Sie die Defintionen A bis C wie im Muster!

Muster: Das Produkt aus .... wird als .... bezeichnet.

B Text, Abbildung, Bildunterschrift, Verformelung

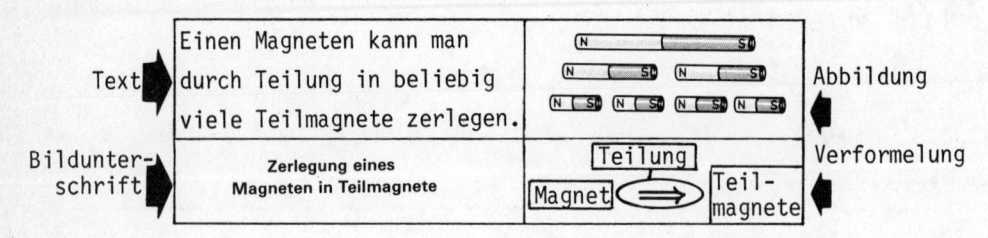

	Einen Magneten kann man durch Teilung in beliebig viele Teilmagnete zerlegen.	[Abbildung: Magnet wird in Teilmagnete zerlegt]	
Text ▶			◀ Abbildung
Bildunter-schrift ▶	Zerlegung eines Magneten in Teilmagnete	Magnet ⟹ Teilung Teilmagnete	◀ Verformelung

Die Fachinformation erscheint meist als T e x t . Oft wird der Text durch eine A b b i l d u n g verdeutlicht. Zur Abbildung gehört eine B i l d u n t e r s c h r i f t , die die Zuordnung von Text und Abbildung erleichtert. In diesem Lehrwerk benutzen wir manchmal auch noch die V e r f o r m e l u n g , um Ihnen die logische Struktur des Textes vor Augen zu führen.

ÜBUNG 2

Bitte ergänzen Sie die fehlenden Teile!
Beispiel:

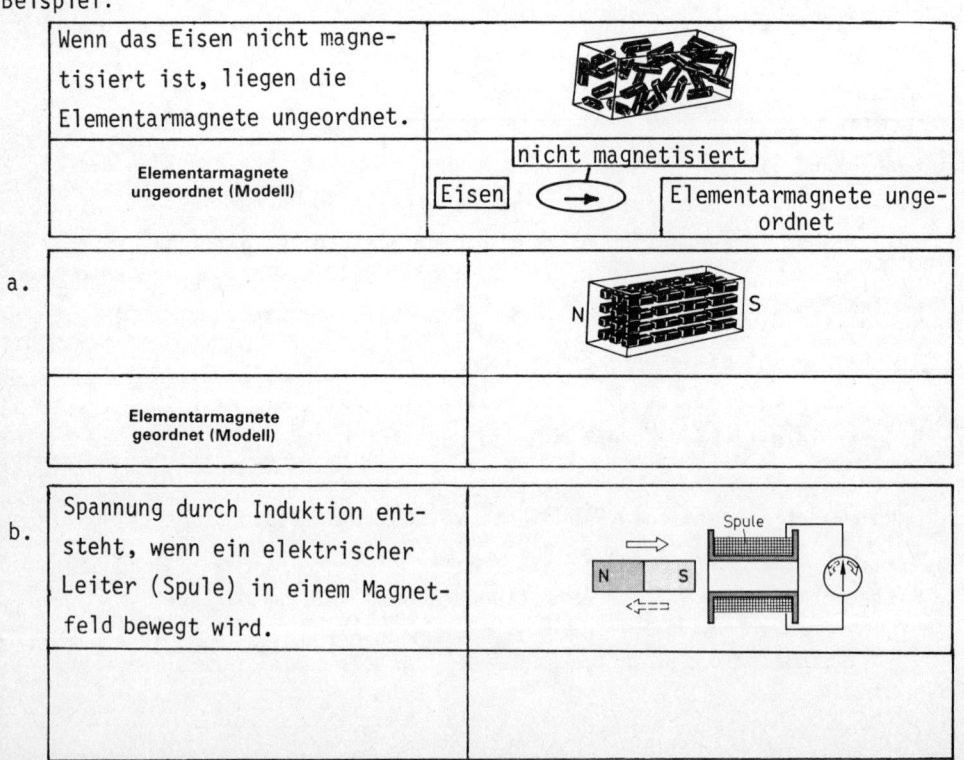

	Wenn das Eisen nicht magnetisiert ist, liegen die Elementarmagnete ungeordnet.	[Abbildung: Eisenstück mit ungeordneten Elementarmagneten]
	Elementarmagnete ungeordnet (Modell)	Eisen ⟶ nicht magnetisiert / Elementarmagnete ungeordnet
a.		[Abbildung: Eisenstück N–S mit geordneten Elementarmagneten]
	Elementarmagnete geordnet (Modell)	
b.	Spannung durch Induktion entsteht, wenn ein elektrischer Leiter (Spule) in einem Magnetfeld bewegt wird.	[Abbildung: Magnet N–S wird in Spule bewegt]

Lerneinheit 7

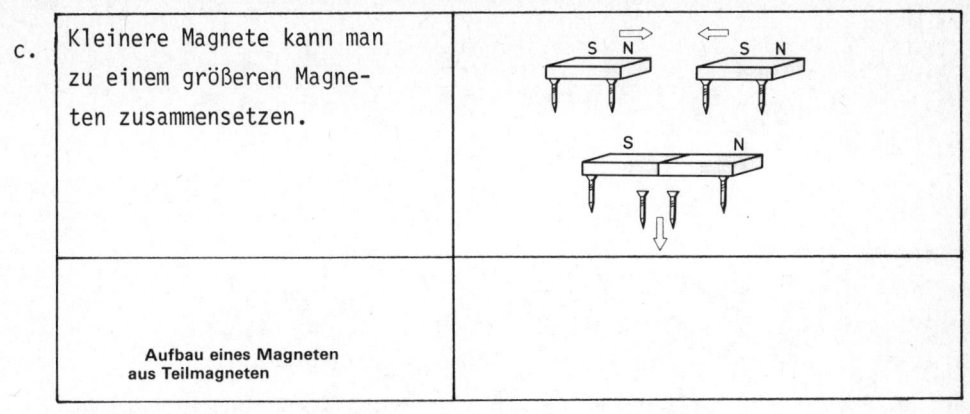

c. Kleinere Magnete kann man zu einem größeren Magneten zusammensetzen.

Aufbau eines Magneten aus Teilmagneten

d. Erwärmt man die Verbindungsstellen von zwei verschiedenen Metallen, so entsteht an der Verbindungsstelle eine Gleichspannung.

Verbindungsstelle von zwei verschiedenen Metallen → erwärmt → Gleichstrom

C Versprachlichung von Tabellen

ÜBUNG 3

Bitte fassen Sie die Angaben der Tabelle zusammen!

Dauermagnetwerkstoffe Nach DIN 17410 und 50470

Werkstoff	Chemische Zusammensetzung in %, Rest Fe					Dichte kg/dm³	Handelsnamen z. B.	Verwendung
	Al	Co	Cu	Ni	Ti			
AlNi 120	12...13	0...4	2...4	25...28	0...1	6,8	RECO (Valvo)	Haftmagnete, Tonabnehmer, Kleinmotoren, Meßgeräte, Mikrofone, Lautsprecher, magnet. Filter
AlNiCo 160	9...13	12...17	2...6	18...24	0...1	7,1	OERSTIT (DEW)	
AlNiCo 190*	9...12	12...17	2...4	19...24	0...1	7,1	KOERZIT (Krupp)	
AlNiCo 220	6...8	24...30	3...6	13...19	5...9	7,2	TICONAL 500 (Valvo)	
AlNiCo 350*	6,5...7,5	30...34	4...5	14...16	5...6	7,2		
AlNiCo 400*	8...9	23...25	3...4	14...15	0...1	7,3		
AlNiCo 500*	8...9	23...25	3...4	14...16	—	7,3		
Bariumferrit 100	BaO · 6 Fe₂O₃					4,9	FERROXDURE (Valvo) KOEROX (Krupp) OXIT (DEW)	Magnet. Kupplungen, Speicherkerne, magnet. Gummi u. magnet. Kunststoff
Bariumferrit 300*						5,0		

* Werkstoff mit magnetischer Vorzugsrichtung.

Lerneinheit 7

Beispiel:

> Der Werkstoff AlNi 120 enthält 12 bis 13 Prozent Aluminium, 0 bis 4 Prozent Kobalt .... Seine Dichte beträgt 6,8. Sein Handelsname lautet RECO. Er wird für Haftmagnete verwendet.

ÜBUNG 4

Beispiel:

> Aus der Tabelle | kann man entnehmen / ist erkennbar |,
> wieviel Prozent Kupfer der Werkstoff AlNiCo 220 enthält,
> wie groß die Dichte des Werkstoffes AlNi 120 ist,
> wie der Handelsname des Werkstoffes AlNiCo 350 lautet,
> wofür TICONAL verwendet wird,
> welche chemische Zusammensetzung AlNiCo 400 | besitzt / aufweist |.

Welche weiteren Angaben | können Sie aus der Tabelle entnehmen / sind aus der Tabelle erkennbar |?

ÜBUNG 5

Technische Texte enthalten zahlreiche Definitionen und Benennungen in sehr unterschiedlichen Satzstrukturen. Die logische Struktur der Definition und Benennung dagegen ist sehr einfach: A ⟺ B.

a. Bitte definieren Sie mindestens 10 der in der Tabelle vorkommenden Begriffe!

b. Fragen Sie nach den Definitionen mit folgendem Fragemuster:

> Was | versteht man / ist | unter .... | -- / zu verstehen | ?

Chemische Grundlagen		
Begriff	Erklärung	Beispiele
Atom	Kleinstes, chemisch nicht weiter zerlegbares Teilchen eines Stoffes. Das Atom besteht aus einem Kern mit positiver Ladung und einer Elektronenhülle mit gleich großer negativer Ladung.	Wasserstoffatom Heliumatom Proton Elektron Neutron
Elektron	Baustein der Atomhülle mit negativer Elementarladung; Masse 1/1836 der des Protons.	Masse $m = 9{,}107 \cdot 10^{-31}$ kg Elementarladung $e = 1{,}602 \cdot 10^{-19}$ C
Proton	Baustein des Atomkerns mit positiver Elementarladung, z.B. Kern des H-Atoms. 1836 mal schwerer als Elektron.	Masse $m = 1{,}67 \cdot 10^{-27}$ kg
Neutron	Baustein des Atomkerns ohne Ladung; Masse gleich der Summe der Massen von Proton und Elektron.	Masse $m \approx 1{,}67 \cdot 10^{-27}$ kg
Molekül	Kleinste Einheit einer chemischen Verbindung oder Atomgruppe aus gleichen Atomen.	Wassermolekül H_2O Wasserstoffmolekül H_2

Isotop	Atom desselben Grundstoffs mit gleicher Protonenzahl, aber verschiedener Zahl der Neutronen. Isotope eines Elements haben die gleichen chemischen Eigenschaften.	Natürlicher Wasserstoff ist ein Gemisch aus Isotopen mit den relativen Atommassen 1, 2, 3.
Ion	Elektrisch geladenes Teilchen, das aus einem neutralen Atom oder Molekül durch Elektronenaufnahme (negatives Ion) oder Elektronenabgabe (positives Ion) entsteht.	Ionisation beim Lösen von Kochsalz in Wasser $NaCl \rightarrow Na^+ + Cl^-$
relative Atommasse (Atomgewicht)	Verhältniszahl, die angibt, um wieviel ein Atom schwerer ist als ein Wasserstoffatom. (Die genauen relativen Atommassen werden auf Kohlenstoff mit der relativen Atommasse 12,00 bezogen.)	Wasserstoff (H): 1,00
rel. Molekülmasse (Molekulargewicht)	Summe der relativen Atommassen eines Moleküls	Wasser (H_2O): $2 \cdot 1 + 16 = 18$
Wertigkeit (Valenz)	a) Zahl der Wasserstoff-Atome, die ein Atom chemisch binden oder ersetzen kann. b) Zahl der Elektronen, die ein Atom beim Verbinden mit anderen Atomen aufnehmen oder abgeben kann.	In H_2O ist: H 1-wertig O 2-wertig (schematisch)
Grundstoff (chemisches Element)	a) Stoff, der sich chemisch nicht weiter zerlegen läßt. b) Stoff, dessen Atomkerne alle gleich viel Protonen haben.	Schwefel (S), Kohlenstoff (C) Kupfer (Cu), Eisen (Fe)
Chemische Verbindung	Stoff, der aus verschiedenen Grundstoffen aufgebaut ist. Eine chemische Verbindung hat andere Eigenschaften als ihre Grundstoffe.	Wasser (H_2O) ist eine chemische Verbindung der Elemente Wasserstoff (H) und Sauerstoff (O)
Analyse	Zerlegen einer chemischen Verbindung, auch Feststellen der Zusammensetzung einer Verbindung.	$2 HgO \rightarrow 2 Hg + O_2$
Synthese	Aufbauen einer chemischen Verbindung.	$Fe + S \rightarrow FeS$
Reduktion	a) Wegnahme von Sauerstoff. b) Elektronenaufnahme eines Atoms oder Ions.	$CuO + H_2 \rightarrow Cu + H_2O$ $Cu^{++} \rightarrow Cu$
Oxidation	a) Verbinden eines Stoffes mit Sauerstoff. b) Elektronenabgabe eines Atoms oder Ions.	$2 Cu + O_2 \rightarrow 2 CuO$ $Cu \rightarrow Cu^{++}$
Gemenge	Mischung verschiedener Stoffe in beliebigen Mengenverhältnissen.	Luft, Formsand
Lösung	Flüssigkeit, die einen oder mehrere Stoffe in feinster Verteilung (als Moleküle oder Ionen) enthält.	Zuckerlösung, Elektrolyte
Legierung	Mischung verschiedener Metalle oder Mischung von Metallen und Metallverbindungen.	Lötzinn, legierter Stahl
Säure	Verbindung, die positive Wasserstoffionen (H^+) abspalten kann.	Schwefelsäure H_2SO_4 Salzsäure HCl
Base, Lauge	Verbindung, die in Lösung Hydroxidionen (OH^-) bilden kann. (Lauge gleich Lösung einer Base in Wasser.)	Natronlauge NaOH
Salz	Verbindung, die positive Ionen (Metallionen oder NH_4^+-Ionen) und negative Ionen (Säurerestionen z. B. Cl^-, SO_4^{2-}) enthält.	Natriumchlorid NaCl Kupfer(II)-sulfat $CuSO_4$

D HÖRTEXT: DER GLEICHSTROMMOTOR

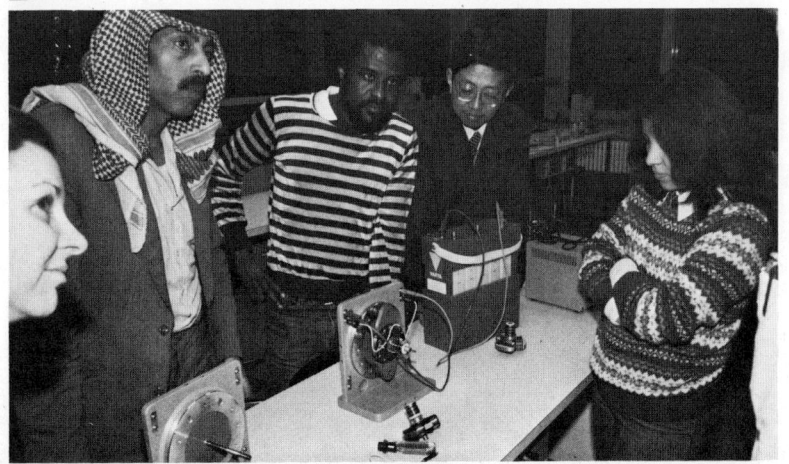

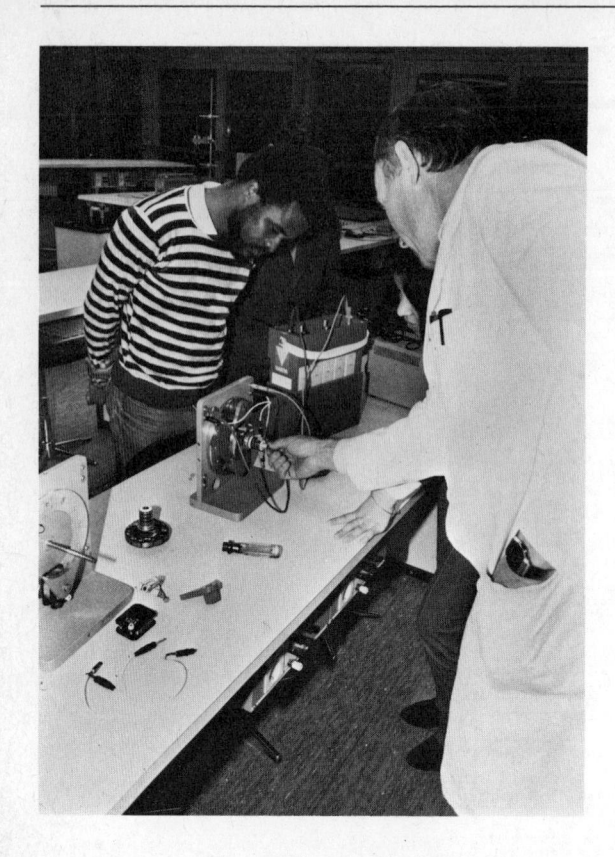

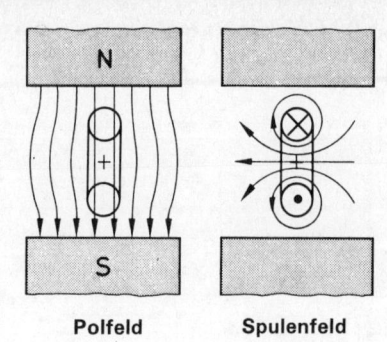

Polfeld **Spulenfeld**

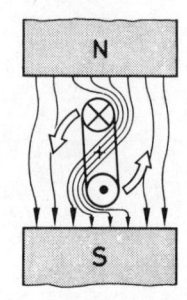

Resultierendes Feld und Entstehen des Drehmoments

Stromwender

ÜBUNG 6

a. Bitte versuchen Sie, beim ersten Hören den Zusammenhang zwischen den Fotos und Abbildungen und dem Text zu verstehen!
b. Zu welchen Punkten haben die Teilnehmer Fragen und Bitten?
c. Bitte beschriften Sie die nebenstehende Abbildung: Halbringe, Spule, Dauermagnet, Drehrichtung, Nordpol, Südpol, Stromeingang, Stromausgang!
d. Bitte hören Sie den Text noch ein zweites oder drittes Mal mit dem Ziel, durch einen Kurzvortrag mit Tafelskizze einen der folgenden Begriffe zu erklären: resultierendes Feld/Funktion des Stromwenders/ Entstehung des Drehmoments!

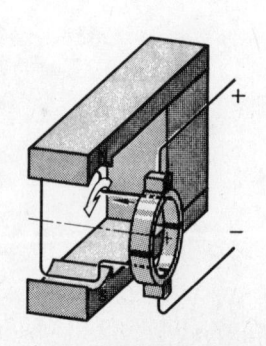

E ÜBEREINSTIMMUNG UND UNTERSCHIED

In Fachtexten drücken sich Übereinstimmung und Unterschied häufig in folgenden Strukturen aus:

```
Übereinstimmung:
A und B stimmen darin überein, daß ............ (Verb).

Zwischen A und B |besteht      | Übereinstimmung |darin, daß    | .....(Verb).
                 |gibt es eine|                 |insofern, als|

Unterschied:
A und B unterscheiden sich |darin  |, {daß A .......(Verb), während
                           |dadurch|   { B ....... (Verb).

Ein| Unterschied zwischen A und B |liegt   | darin, {daß A...(Verb),
Der|                              |besteht|         {während B...(Verb).

                    |Im Unterschied| dazu (Verb) B ...........
......... A ........|Im Gegensatz |
                    |B  jedoch    | (Verb) ................
                    |   dagegen   |
```

ÜBUNG 7

Vergleichen Sie bitte die Angaben zu Aluminium und Magnesium! Welche Übereinstimmungen und Unterschiede stellen Sie fest?

Aluminium (Al)	Magnesium (Mg)

Dichte   2,7 g/cm³
Schmelzpunkt   658 °C
Zugfestigkeit gegossen   85...115 N/mm²
    weich geglüht 65 N/mm²
    hart gewalzt   125...190 N/mm²
Dehnung   35...3%
	Dichte 1,8 g/cm³
	Schmelzpunkt 650 °C
	Zugfestigkeit gegossen 100...130 N/mm²
	    gewalzt/gepreßt 195...245 N/mm²
	Dehnung 10...5%
	Werkstoffnummer 3.5...

silberweiße Farbe	silberweiße Farbe
sehr korrosionsbeständig	starke Oxidationsneigung
gute elektrische Leitfähigkeit	gute elektrische Leitfähigkeit
guter Wärmeleiter	guter Wärmeleiter
spanlos gut formbar	spanlos kaum formbar
leicht legierbar	leicht legierbar
feuerungefährlich	feuergefährlich
wird häufig als Konstruktionswerkstoff verwendet	wird nicht als Konstruktionswerkstoff verwendet
kann mit Wasser gekühlt werden	darf nicht mit Wasser gekühlt werden

Beispiel:

Aluminium und Magnesium stimmen darin überein, daß beide Metalle eine silberweiße Farbe {haben / besitzen / aufweisen}.

Zwischen Aluminium und Magnesium {gibt es eine / besteht} Übereinstimmung {darin / insofern}, {daß / als} beide Metalle eine silberweiße Farbe {haben / besitzen / aufweisen}.

Aluminium und Magnesium unterscheiden sich {darin / dadurch}, daß Aluminium sehr korrosionsbeständig ist, während Magnesium eine starke Oxidationsneigung {hat / besitzt / aufweist}.

{Ein / Der} Unterschied zwischen Aluminium und Magnesium {liegt / besteht} darin, daß Aluminium sehr korrosionsbeständig ist, während Magnesium eine starke Korrosionsneigung {hat / besitzt / aufweist}.

Aluminium ist sehr korrosionsbeständig. {Im Unterschied / Im Gegensatz} {dazu} {hat / besitzt / weist} Magnesium {jedoch / dagegen} eine starke Korrosionsneigung {- / - / auf}.

ÜBUNG 8

Stellen Sie anhand der Abbildungen und des Textes fest, welche Übereinstimmungen und Unterschiede zwischen Schützen und Relais bestehen!

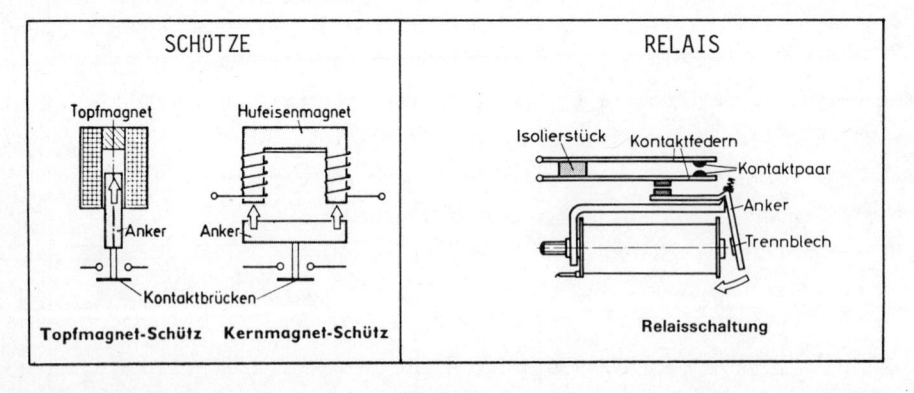

SCHÜTZE — Topfmagnet, Hufeisenmagnet, Anker, Anker, Kontaktbrücken — Topfmagnet-Schütz, Kernmagnet-Schütz

RELAIS — Isolierstück, Kontaktfedern, Kontaktpaar, Anker, Trennblech — Relaisschaltung

Schütze sind elektromagnetisch betätigte Schalter. Sie werden durch den Steuerstrom einer Magnetspule eingeschaltet und in ihrer Einschaltstellung gehalten. Dabei werden die am Anker angebrachten beweglichen Schaltstücke gegen feste Schaltstücke gepreßt. Schütze haben den Vorteil, daß man mit einer kleinen Leistung im Steuerstromkreis eine große Leistung im Hauptstromkreis schalten kann. Mit Hilfe von Schützen lassen sich vom Befehlsraum weit entfernt liegende Geräte schalten (Fernschaltung, Fernsteuerung). Die Schaltstücke von Schützen lassen 10 bis 30 Millionen Schaltspiele zu. Unter einem Schaltspiel versteht man einen Ein- und Ausschaltvorgang.

Relais sind elektromagnetisch betätigte Schaltelemente mit geringer Schaltleistung, deren Lebensdauer aber bei bis zu 10^9 Schaltspielen liegt. Relais gehören zu den Fernschaltern. Die Kontaktbetätigung erfolgt durch einen von der Spule angezogenen Anker. Der Relaisanker trägt ein dünnes Trennblech aus einem nichtmagnetischen Werkstoff, damit der Anker nach dem Abschalten der Erregung nicht infolge des remanenten Magnetismus am Kern "klebt".

F PARTIZIPIALSTRUKTUR

Wiederholen Sie bitte, falls nötig, Teil D von Lerneinheit 2!

ÜBUNG 9

Schreiben Sie bitte aus den beiden Texten von Teil E die Partizipialstrukturen heraus!

	Artikel	Ergänzungen	Partizip	Substantiv
a.				*Schalter*
b.		*am Anker*		
c.			*liegende*	
d.			*betätigte*	
e.				*Anker*

G Zum Lernen und Üben

Fachterminologie

a. der Magnetismus

I der Strom
N die Windungszahl
Θ die Durchflutung
H die Feldstärke
  (Stärke des Magnetfelds)
Φ der magnetische Fluß
l mittlere Feldlinienlänge
  (mittlere Länge der magnetischen Feldlinien)

Das Eisen ist | magnetisiert / nicht magnetisiert |.

Die Elementarmagnete sind | geordnet / nicht geordnet |.

Ein größerer Magnet kann in Teilmagnete zerlegt werden.

Teilmagnete werden zu einem größeren Magneten zusammengesetzt.

der Topfmagnet   - topfförmig
der Stabmagnet   - stabförmig
der Hufeisenmagnet - hufeisenförmig
der U-Magnet   - U-förmig

b. Die Summe aus A plus B beträgt ...Die Differenz aus A minus B beträgt ... Das Produkt aus A mal B beträgt...Der Quotient aus A (dividiert) durch B beträgt ....

c.

Der Schütz/e | besteht aus | einem Topfmagneten oder einem Hufeisenmagneten
Das Relais/- | | einem Anker
                           | einer Kontaktbrücke (vgl. Abb. in Teil E)
                           | einer Spule   (vergleiche Abbildung
                           | einem Trennblech   in Teil E)
                           | einem Paar Kontaktfedern
                           | einem Isolierstück
                A   B

der Schalter/- | ein/aus | schalten   die | Ein/Aus | schaltung   die | Ein/Aus | schaltstellung

das Schaltspiel/e = der Ein- und Ausschaltvorgang

Strukturen

a. Partizipialstruktur vgl. Teil F

| Der / Das | aus (B in c.) bestehende (A in c.) ist ein Fernschalter.

b. In der Abbildung | links oben / rechts unten | erkennt man / ist | (B in c.) | (Akkusativ) - (Nom.) zu erkennen |.

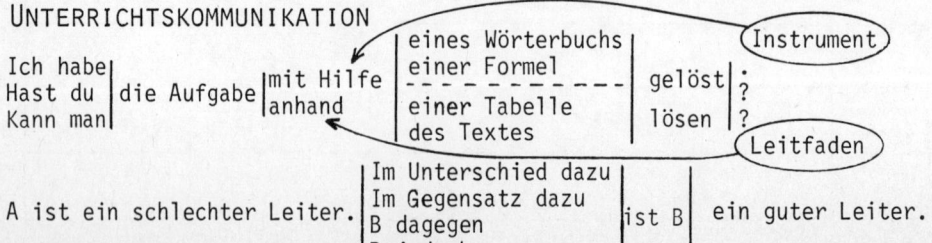

Unterrichtskommunikation

Ich habe | die Aufgabe | mit Hilfe / anhand | eines Wörterbuchs / einer Formel / einer Tabelle / des Textes | gelöst / lösen | . / ? / ?
Hast du
Kann man

(Instrument)
(Leitfaden)

A ist ein schlechter Leiter. | Im Unterschied dazu / Im Gegensatz dazu / B dagegen / B jedoch | ist B | ein guter Leiter.

8

GRUNDLAGEN DER MEßTECHNIK

A BASISEINHEITEN

ÜBUNG 1

Bitte versprachlichen Sie die Tabelle!

Muster:

| Die Basiseinheit für die | ....messung / Messung der .... | ist das .... |

Als Formelzeichen wird ein | großes / kleines | .... benutzt. Die Einheit wird mit einem | großen / kleinen | ....abgekürzt.

Einheiten im Meßwesen — Nach DIN 1301

Basisgrößen und Basiseinheiten (Grundeinheiten)

Basisgröße	Formel-zeichen	Einheit	Einheiten-zeichen	Basisgröße	Formel-zeichen	Einheit	Einheiten-zeichen
Länge	l, s	Meter	m	Stromstärke	I	Ampere	A
Masse	m	Kilogramm	kg	Temperatur	T	Kelvin	K
Zeit	t	Sekunde	s	Lichtstärke	I_v	Candela	cd

ÜBUNG 2

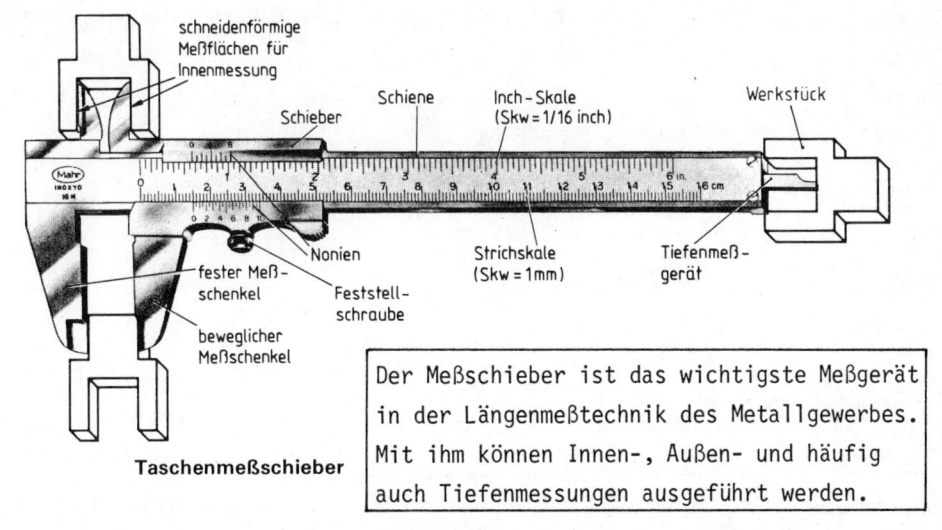

Taschenmeßschieber

Labels: schneidenförmige Meßflächen für Innenmessung; Schieber; Schiene; Inch-Skale (Skw = 1/16 inch); Werkstück; Nonius; Strichskale (Skw = 1mm); Tiefenmeßgerät; fester Meßschenkel; Feststellschraube; beweglicher Meßschenkel

> Der Meßschieber ist das wichtigste Meßgerät in der Längenmeßtechnik des Metallgewerbes. Mit ihm können Innen-, Außen- und häufig auch Tiefenmessungen ausgeführt werden.

An welcher Stelle werden die verschiedenen Messungen ausgeführt?

Antwortmuster: Die | Innen / Außen / Tiefen | messung | findet wird | oben links / unten links / rechts | an .... | statt ausgeführt |.

B Das Dreheisenmeßwerk (Leseverständnis)

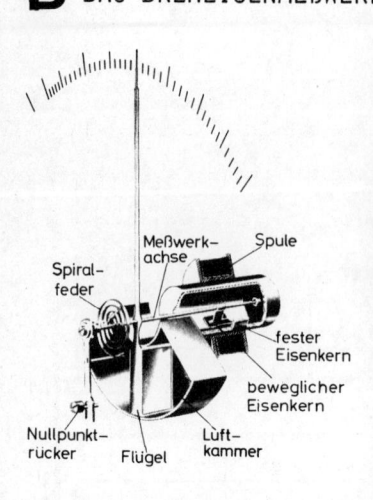

Im Innern einer Spule sind ein festes und ein an der Zeigerachse befestigtes, bewegliches Eisenstück angeordnet. Beide Eisenkerne bestehen aus magnetisch weichem Eisen. Bei Stromdurchgang entsteht in der Spule ein Magnetfeld mit Nord- und Südpol. Die beiden Kerne werden in gleichem Sinn magnetisiert und stoßen sich deshalb ab. Der bewegliche Kern dreht die Zeigerachse so weit, bis sein Drehmoment so groß ist wie das Rückstellmoment der Spiralfedern. Die Größe des Drehmoments und damit des Zeigerausschlags ist ein Maß für den Strom, der durch die Spule fließt.

Dreheisenmeßwerk

Beschriftung der Abbildung: Spiralfeder, Meßwerkachse, Spule, fester Eisenkern, beweglicher Eisenkern, Nullpunktrücker, Flügel, Luftkammer

ÜBUNG 3

Fragen und Aufgaben zum Lesetext und zur Abbildung

a. Welche Gegenkraft zum Drehmoment der Spule tritt auf?

b. Welche Begriffe in der Beschriftung der Abbildung werden im Text nicht erwähnt?

c. Aus dem Kontext können Sie die Bedeutung folgender Begriffe erschließen: Eisenkern, Rückstellmoment, Ausschlag.
Definieren Sie bitte diese Begriffe!

d. Bitte füllen Sie aus und setzen Sie die fehlenden Formelzeichen ein!

beide Eisenkerne	⟹	
Stromdurchgang	→	
Drehmoment der Zeigerachse	◯	
Strom	→		◯	Zeigerausschlag

e. Sind die Begriffe "Meßwerkachse" in der Abbildung und "Zeigerachse" im Text richtig gewählt?

A c h s e n dienen zum Tragen sich drehender oder schwingender Maschinenteile. W e l l e n sind Maschinenteile, die mechanische Arbeit durch Drehbewegung (ein Drehmoment) übertragen.

C Abgeleitete Einheiten

Übung 4

Bitte versprachlichen Sie die Übersicht!

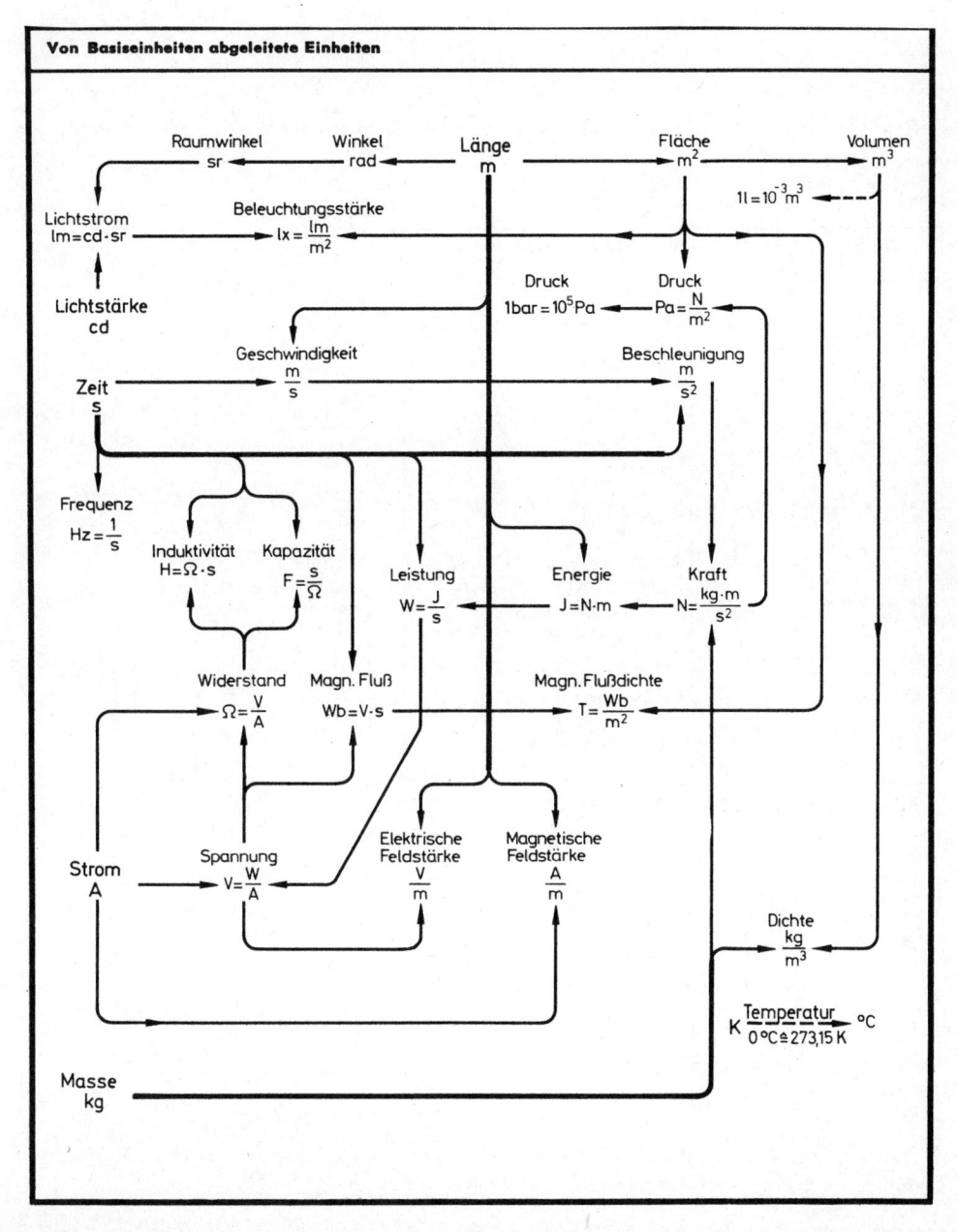

Von Basiseinheiten abgeleitete Einheiten

- Raumwinkel: sr
- Winkel: rad
- Länge: m
- Fläche: m²
- Volumen: m³
- $1\,l = 10^{-3}\,m^3$
- Lichtstrom: $lm = cd \cdot sr$
- Beleuchtungsstärke: $lx = \dfrac{lm}{m^2}$
- Lichtstärke: cd
- Druck: $1\,bar = 10^5\,Pa$
- Druck: $Pa = \dfrac{N}{m^2}$
- Geschwindigkeit: $\dfrac{m}{s}$
- Beschleunigung: $\dfrac{m}{s^2}$
- Zeit: s
- Frequenz: $Hz = \dfrac{1}{s}$
- Induktivität: $H = \Omega \cdot s$
- Kapazität: $F = \dfrac{s}{\Omega}$
- Leistung: $W = \dfrac{J}{s}$
- Energie: $J = N \cdot m$
- Kraft: $N = \dfrac{kg \cdot m}{s^2}$
- Widerstand: $\Omega = \dfrac{V}{A}$
- Magn. Fluß: $Wb = V \cdot s$
- Magn. Flußdichte: $T = \dfrac{Wb}{m^2}$
- Strom: A
- Spannung: $V = \dfrac{W}{A}$
- Elektrische Feldstärke: $\dfrac{V}{m}$
- Magnetische Feldstärke: $\dfrac{A}{m}$
- Dichte: $\dfrac{kg}{m^3}$
- Temperatur: $K \xrightarrow{0°C \,\widehat{=}\, 273{,}15\,K} °C$
- Masse: kg

Muster:

Die|
Der| .... ist eine von den Basisgrößen .... und
.... abgeleitete Größe. Die Einheit ....
bedeutet ....

Beispiel:

Die Geschwindigkeit ist eine von den Basisgrößen Länge und Zeit abgeleitete Größe. Die Einheit klein m durch klein s bedeutet Meter pro Sekunde.

D ELEKTRISCHE MEẞWERKE

Elektrische Meßgeräte tragen auf der Skala die folgenden Angaben in der Reihenfolge: Ursprungszeichen, Einheit der Meßgröße (z.B. mV), Sinnbild des Meßwerks, Stromartzeichen (z.B. -), Genauigkeitsklasse, Lagezeichen und Prüfspannungszeichen.

Tabelle: Sinnbilder für die Skalenbeschriftung — Nach DIN 43802

Meßwerke Arbeitsweise des Meßwerks	Sinnbild
Drehspulmeßwerk mit Dauermagnet	
Drehspulmeßwerk mit Gleichrichter	
Drehspul-Quotienten-Meßwerk	
Dreheisenmeßwerk	
Elektrostatisches Meßwerk	
Eisengeschlossenes elektrodynamisches Meßwerk	
Bimetallmeßwerk	

Stromartzeichen	
Stromart	Sinnbild
Gleichstrom	—
Wechselstrom	~

Lagezeichen	
Nennlage	Sinnbild
Senkrechte Nennlage	
Waagrechte Nennlage	
Schräge Nennlage, Neigungswinkel, z. B. 60°	60°

Prüfspannungszeichen	
Prüfspannung	Sinnbild
Prüfspannung 500 V	☆
Prüfspannung höher als 500 V, z. B. 2000 V	☆
Keine Spannungsprüfung	☆

Beispiel 1:
Drehspulmeßwerk — für Gleichstrom — Anzeigefehler ± 0,1% — waagrechte Nennlage — Prüfspannung 500 V

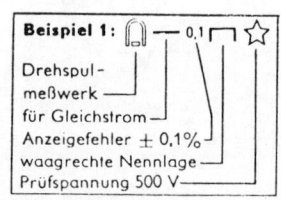

Tabelle: Genauigkeitsklassen elektrischer Meßgeräte — Nach VDE 0410

	Feinmeßgeräte			Betriebsmeßgeräte			
Klasse	0,1	0,2	0,5	1	1,5	2,5	5
Anzeigefehler	±0,1%	±0,2%	±0,5%	±1%	±1,5%	±2,5%	±5%
Einflußfehler	±0,1%	±0,2%	±0,5%	±1%	±1,5%	±2,5%	±5%

ÜBUNG 5

Bitte charakterisieren Sie die Meßwerke!

Muster:

Es handelt sich um ein ....meßwerk, das für .... geeignet ist. Es gehört zur Klasse der .... mit einem maximalen Anzeigefehler von ± ......%. Das Meßwerk ist in .... Lage zu benutzen. Die Isolation wurde bei ......V geprüft.

a. | ≨ | ≈ | 0,2 | ⊓ | ☆ | b. | ⏀ | ≈ | 1,5 | ⊥ | ☆ |
c. | ⌢ | ≈ | 2,5 | ∠60° | ☆ | d. | ⋒ | — | 0,5 | ⊓ | ☆ |

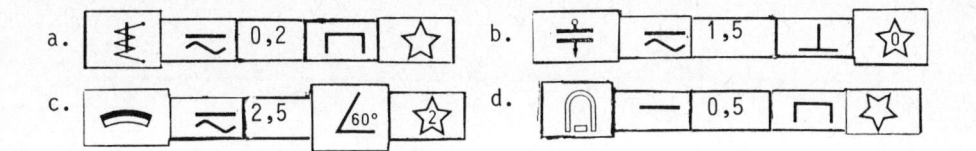

E URSACHE UND WIRKUNG

Bimetallmeßwerk

Beim Bimetallmeßwerk fließt durch ein meist spiralförmig aufgewickeltes Band aus Bimetall der Meßstrom und erwärmt das Bimetall. Dabei biegt sich die Spirale auf. Diese Bewegung wird auf den Zeiger übertragen. Eine zweite, stromlose Bimetallspirale, die gegensinnig gewickelt ist, hebt den Einfluß der Raumtemperatur wieder auf.

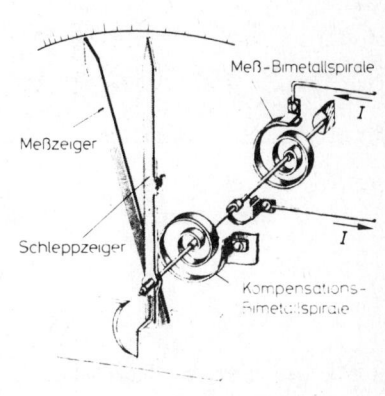

Bimetallmeßwerk

ÜBUNG 6

Fragen zur Abbildung und zum Text

a. Wie ist in der Abbildung die Spirale beschriftet, die bei Erwärmung die Zeigerachse dreht?
b. Wie ist in der Abbildung die Spirale beschriftet, die die Raumtemperatur ausgleicht?
c. Bitte tragen Sie noch die Beschriftung für folgende Teile des Meßwerks ein: Zeigerachse, Stromzuführung, Skala, Wicklung!
d. Welcher abgebildete Teil des Meßinstruments wird im Text nicht erwähnt?

ÜBUNG 7

Vielleicht erscheint Ihnen der Text sprachlich ziemlich schwer. Logisch ist er jedoch sehr einfach. Je höher ein Fachtext spezialisiert ist, um so einfacher wird seine logische Struktur. Auch seine sprachlichen Schwierigkeiten sind normalerweise geringer als bei einem allgemeinsprachlichen Text.
Der obige Text ist eine Kette aus Ursache-Wirkung-Beziehungen:

	"Kern"	wichtige Umstände und Bedingungen
Ausgangssituation = Ursache 1	Meßstrom fließt	Bimetallmeßwerk, spiralförmiges Band aus Bimetall
Wirkung 1 = Ursache 2	Meßstrom erwärmt das Bimetall.	--
Wirkung 2 = Ursache 3	Spirale biegt sich auf	--
Wirkung 3	Zeiger bewegt sich	Bewegung der Spirale wird übertragen.

Der letzte Satz des Textes gehört nicht zur Ursache-Wirkung-Kette. Er handelt von der Beseitigung einer Störgröße, nämlich der Raumtemperatur.

Setzen Sie bitte die Ursache-Wirkung-Kette fort!

a. Der fließende Meßstrom ist die Ursache für die Erwärmung des Bimetalls.

Die Erwärmung des Bimetalls ist ....
....

Die Aufbiegung der ....
....

b. Der fließende Meßstrom bewirkt die Erwärmung des Bimetalls.

Die Erwärmung des ....

Die Aufbiegung der ....

c. Die Erwärmung des Bimetalls wird vom fließenden Meßstrom verursacht.

Die Aufbiegung der Spirale wird ....
....

Die Bewegung des Zeigers wird ....
....

Übersicht:

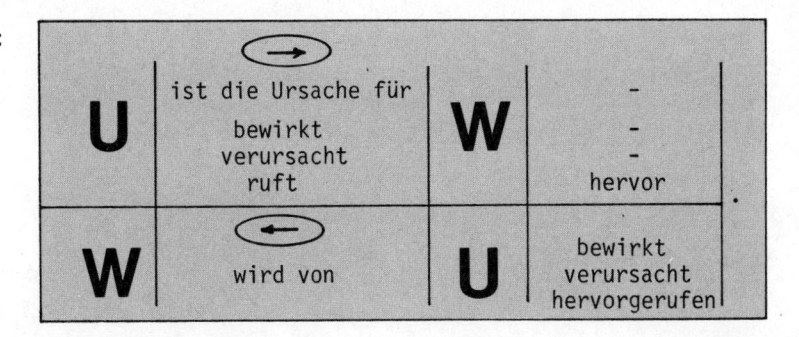

U	→ ist die Ursache für bewirkt verursacht ruft	**W**	- - - hervor
W	← wird von	**U**	bewirkt verursacht hervorgerufen

ÜBUNG 8

Drücken Sie bitte die Ursache-Wirkung Beziehung mit Hilfe der obigen Übersicht aus!

Stromdurchgang → Magnetfeld mit Nord- und Südpol in der Spule → gleichsinnige Magnetisierung der Weicheisenkerne → Abstoßung der beiden Weicheisenkerne → Drehmoment beim beweglich gelagerten Weicheisenkern → Zeigerausschlag

....
....
....
....
....
....
....
....

Vergleichen Sie bitte Ihren Text mit dem Text über das Dreheisenmeßwerk in Teil B!

F Hörtext: Der Meßschieber

Bevor Sie den Text hören, sehen Sie sich bitte die Bilder und die Fragen und Aufgaben zum Hörtext in Übung 9 an!

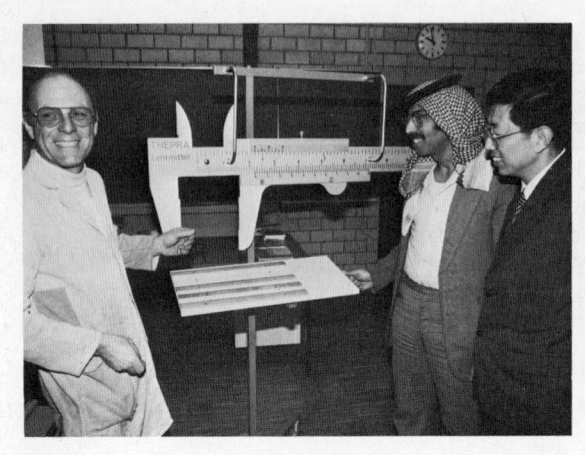

ÜBUNG 9

Fragen und Aufgaben zum Hörtext

a. Wieviel Prozent aller Messungen in der Technik sind Längenmessungen?
A 40 bis 50 %   B 50 bis 60 %   C 60 bis 70 %   D 80 bis 90 %

b. Welcher der abgebildeten Meßschieber hat eine Rundskale?

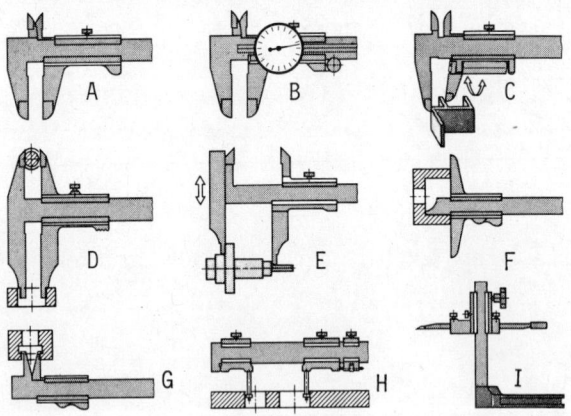

c. Welcher der abgebildeten Meßschieber kann auch für Tiefenmessungen benutzt werden?

d. Wie lang ist ein 50er Nonius?
A 49 mm   B 50 mm   C 51 mm
e. Warum ist ein 100er Nonius nicht sinnvoll?
f. Um wieviel dehnt sich ein Eisenstück von 200 mm Länge bei 10° Erwärmung aus?
g. Welche Bezugstemperatur ist bei Längenmessungen üblich?
h. Welche Meßungenauigkeiten treten bei der Längenmessung auf?
i. Mit welchen Meßgeräten kann man die Basisgrößen Gewicht, Zeit und Temperatur messen?

G ARBEITSREGELN IN DER LÄNGENPRÜFTECHNIK

> - Meßgeräte sind vor Stoß, Korrosion und vor Verschmutzung zu schützen.
> - Fehlerhafte Meßgeräte dürfen nicht selbst nachgearbeitet werden.
> - An Meßgeräten darf keine Änderung vorgenommen werden.
> - Es ist sorgfältig und mit der richtigen Meßkraft zu messen.
> - Meßflächen an Werkstück und Meßgerät sind vor dem Messen zu reinigen.
> - Meßgeräte sind getrennt von schweren Werkzeugen aufzubewahren.
> - Magnetisch gewordene Werkstücke sind vor dem Messen zu entmagnetisieren.
> - Die Bezugstemperatur von ca. 20° C ist zu beachten.

Arbeitsregeln enthalten Gebote und Verbote.

GEBOT	Es	wird empfohlen wird geraten ist empfehlenswert ist ratsam ist erforderlich	, ...zu (Infinitiv).
VERBOT	Es	wird davor gewarnt wird davon abgeraten ist falsch ist verboten	

ÜBUNG 10

Welche Gebote und Verbote enthalten die obigen Arbeitsregeln?

> Beispiele: Es wird empfohlen, sorgfältig und mit der richtigen Meßkraft zu messen.
> Es wird davor gewarnt, fehlerhafte Meßgeräte selbst nachzuarbeiten.

H Zusammengesetzte Substantive

ÜBUNG 11

> Verb + Substantiv

Wie nennen wir ....?

a. den Punkt, bei dem ein Stoff schmilzt ....

b. die Geschwindigkeit, mit der geschaltet wird ....

c. den Punkt, an dem eine Flüssigkeit siedet ....

d. die Fähigkeit eines Stoffes, den Strom zu leiten ....

e. die Spule, die sich dreht? ....

f. den Plan, der die Schaltungen darstellt ....

ÜBUNG 12

Substantiv A + Substantiv B ⇌	eine / ein	(Subst.),	die / der / das	zum (Verb) / für den / die / das	dient. ...
Beispiel: Das Oxidationsmittel ist ein Mittel,	das	zum Oxidieren für Oxidationen mit dessen Hilfe man oxidiert		dient verwendet wird	.

a. Das Reduktionsmittel ....

b. Das Lösungsmittel ....

c. Die Hochfrequenzleitung ....

d. Der Katodenwerkstoff ....

e. Die Acetylenflasche ....

f. Das Verpackungsmaterial ....

ÜBUNG 13

Wie nennen wir .....?

a. die Temperatur, die in einem Raum herrscht ....

b. einen See, der auf einem Berg liegt ....

c. eine Energie, die aus Wärme gewonnen wird ....

d. Elektrizität, die durch Reibung entsteht ....

e. eine Lampe, die man in die Tasche stecken kann ....

f. eine Turbine, die durch die Bewegungsenergie des Wassers angetrieben wird ....

ÜBUNG 14

Substantiv A + Substantiv B	Substantiv B	hat die Form einer/eines Subst. A / ist ...(A)...förmig / sieht aus wie Subst. A
Beispiel: der Stabmagnet	Der Magnet	hat die Form eines Stabes / ist stabförmig / sieht aus wie ein Stab .

a. der U-Magnet ....

b. das Netzmolekül ....

c. die Blattfeder ....

d. der Topfmagnet ....

e. der T-Träger ....

f. der Bananenstecker ....

ÜBUNG 15

Substantiv A + Substantiv B	Substantiv A	besitzt / hat / weist	Subst. B	– / – / auf .
Beispiel: die Bewegungsrichtung	Die Bewegung besitzt eine Richtung.			

a. die Feldstärke ....

b. die Zeigerachse ....

c. das Turbinenrad ....

d. .... Der Strom weist eine Richtung auf.

e. .... Der Leiter weist einen Querschnitt auf.

f. .... Das Licht hat eine Wirkung.

g. das Magnetfeld ....

h. die Wasserkraft ....

Lerneinheit 8

ZUM LERNEN UND ÜBEN
FACHTERMINOLOGIE

A	B	C	D
Basisgröße	Formelzeichen	Einheit	Einheitenzeichen
Länge	l, s	Meter	m
Masse	m	Kilogramm	kg
Zeit	t	Sekunde	s
Stromstärke	I	Ampere	A
Temperatur	T	Kelvin	K
Lichtstärke	I_v	Candela	cd

a. Der Meßschieber/-
   Das Bimetallmeßwerk/e
   Das Dreheisenmeßwerk/e
   Die Uhr/en | ist ein Meßgerät für die | Messung der ...(A)...
   ...(A)messung

b. das Drehmoment | das Rückstellmoment   anziehen ⧧ abstoßen
      fest   ⧧ | beweglich
   gleichsinnig | gegensinnig

STRUKTUREN
a.

Verstärkung des Magnetfeldes Erhöhung der Spannung	
Erhöhung der Zahl der Leiter Zunahme der Spannung	
Vergrößerung des Widerstandes Abnahme des Stromes	
Zunahme der Spannung Anwachsen des Stromes	
Vergrößerung des Leiterquer- Verkleinerung des Wider-	
schnitts standes	

	ist die Ursache von		—
U	bewirkt	W	—
	verursacht		hervor.
	ruft		
W	wird von	U	bewirkt
			verursacht
			hervorgerufen

b.

	wird empfohlen	wird davor gewarnt	
	wird geraten	wird davon abgeraten	... zu (Infinitiv).
Es	ist empfehlenswert	ist falsch	den Stoff erwärmen
	ist ratsam	ist verboten	den Magnet schütteln
	ist erforderlich		die Spannung erhöhen
			den Kunststoff färben

c. Der | (s. Tabelle | ist eine von den Basisgrößen | (s. Tabelle | abgeleitete
   Die | von Teil C)| | von Teil C) |

   Größe. Die Einheit | des | (s. Tabelle | bedeutet ....
                      | der | von Teil C) |

UNTERRICHTSKOMMUNIKATION

Die Basisgröße der ...(A)... wird mit dem Formelzeichen ...(B)... abgekürzt. Die Abkürzung für die ...(A)... lautet ...(B)...

Das Einheitenzeichen für | das | ...(C) ist ...(D) ...
                         | die |

Das | ...(C) wird mit ...(D) ... abgekürzt.
Die |

Für A, B, C, D
s. Fachterminologie a.!

9

ELEKTROCHEMIE: ELEKTROLYSE, GALVANISIEREN, KORROSION

A KORROSIONSNEIGUNG UND KORROSIONSBESTÄNDIGKEIT

Beständigkeit der Metalle gegen agressive Medien

Medien	Metalle													
	Ag	Al	Au	Cd	Co	Cr	Cu	Fe	Mg	Mo	Ni	Pb	Sn	Ta	Ti	W
Salzsäure	●	○	●	◐	○	○	◐	○	○	●	◐	◐	●	●	◐	●
Schwefelsäure	◐	○	●	◐	◐	◐	◐	○	○	●	◐	◐	●	●	◐	●
Salpetersäure	○	●	●	○	◐	●	○	◐	○	●	◐	◐	●	●	●	●
Natronlauge	●	○	●	●	●	●	●	●	○	◐	●	◐	◐	●	●	●
Luft, feucht	●	●	●	●	●	●	◐	○	◐	●	●	●	●	●	●	●
Luft, 400°C	●	●	●	◐	◐	●	◐	○	○	○	◐	◐	◐	●	●	◐

Bedeutung der Zeichen:
- ● beständig, Angriff sehr gering
- ◐ bedingt beständig, Angriff abhängig von Konzentration, Temperatur, Zusammensetzung des Mediums und Anwesenheit von Fremdmetallen
- ◐ wenig beständig
- ○ unbeständig, rasche Zersetzung

ÜBUNG 1

Sprechen Sie bitte anhand der Tabelle über die Korrosionsbeständigkeit von Metallen gegen agressive Medien!

Muster:

.... ist gegen .... | beständig / bedingt beständig / wenig beständig / unbeständig

.... wird von .... | nicht / wenig / stark / sehr stark | angegriffen / zersetzt / zerfressen .

Beispiel: Eisen | ist gegen / wird von | Salpetersäure | wenig beständig / stark | angegriffen / zersetzt .

Elektrochemische Spannungsreihe

Elektrode	Spannung V
Fluor	2
Gold	1,50
Platin	0,86
Silber	0,80
Quecksilber	0,79
Kohle	0,74
Sauerstoff	0,39
Kupfer	0,34
Wismut	0,28
Antimon	0,14
Wasserstoff	**0**
Blei	− 0,13
Zinn	− 0,14
Nickel	− 0,23
Kobalt	− 0,29
Kadmium	− 0,40
Eisen	− 0,44
Chrom	− 0,56
Zink	− 0,76
Mangan	− 1,10
Aluminium	− 1,67
Magnesium	− 2,40
Natrium	− 2,71
Kalium	− 2,92
Lithium	− 2,96

(edel ↑ / unedel ↓)

ÜBUNG 2

Sprechen Sie bitte über die elektrochemische Spannungsreihe!

Beispiele:

Wismut steht in der Spannungsreihe höher als Blei.

Eisen steht in der Spannungsreihe niedriger als Blei.

Kupfer ist edler als Kobalt.

Kobalt ist unedler als Kupfer.

Die Potentialdifferenz zwischen Quecksilber und Kupfer beträgt 0,45.

B VERSUCHSBESCHREIBUNG

Sehen Sie sich bitte die Abbildung an und lesen Sie dann die danebenstehende Versuchsbeschreibung!

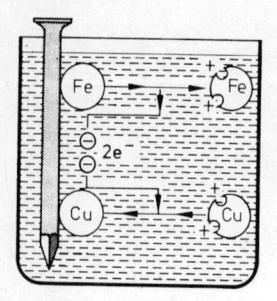

Tauchen Sie einen Gegenstand, z.B. einen Nagel, kurz in eine Kupfersulfatlösung ($CuSO_4$ + H_2O), der einige Tropfen Schwefelsäure (H_2SO_4) zugefügt wurden. Der Nagel erhält einen rotbraunen Überzug.

ÜBUNG 3

Fragen und Aufgaben

a. Beschriften Sie bitte die Abbildung: Glasgefäß, Schwefelsäure, Kupfersulfatlösung, Nagel, rotbrauner Überzug!

b. Welche Angaben können Sie anhand von Abbildung und Text machen, welche nicht (vgl. Lerneinheit 6 Teil C Übung 7)?

Geräte, Mittel: ....

Aufbau: ....

....

Durchführung: ....

Beobachtung: ....

Erklärung: ....

Regel: ....

C PARAPHRASIEREN

Text: Im galvanischen Element ist Kupfersulfat ($CuSO_4$) in Kupferionen (Cu^{2+}) und Sulfationen (SO_4^{2-}) dissoziiert. Durch die Einwirkung des Elektrolyten (H_2SO_4) geht an der Oberfläche des Nagels Eisen rasch in Lösung. Aus Eisenatomen bilden sich Eisenionen. Die Eisenionen geben dabei Elektronen ab. Dafür werden Kupferionen (Cu^{2+}) an der Ober-

> fläche des Nagels entladen und bilden dort einen Überzug aus metallischem Kupfer.

ÜBUNG 4

Bitte vervollständigen Sie die Paraphrasierungen!

> Hinweis: Unter Paraphrasierung versteht man eine Veränderung der Ausdrucksweise bei gleichem Inhalt.

a. Durch die Einwirkung des Elektrolyten geht an der Oberfläche des Nagels Eisen rasch in Lösung.

A *Der Elektrolyt bewirkt, daß* ....
....

B *Die Lösung von Eisenatomen aus der Oberfläche des Nagels wird durch*
.... *bewirkt.*

b. Die Kupferionen werden an der Oberfläche des Nagels entladen.

A *Die Kupferionen geben ihre Ladung* .... *ab.*

B *Die Entladung der Kupferionen erfolgt* ....

C *An der Oberfläche des Nagels werden* ....

c. Die Kupferionen bilden einen Überzug aus metallischem Kupfer.

A *Ein Überzug aus metallischem Kupfer wird* ....

B *Aus den Kupferionen entsteht ein* ....

D MÜNDLICHE UND SCHRIFTLICHE TEXTPRODUKTION

ÜBUNG 5

Halten Sie bitte einen kurzen Vortrag über die Korrosion anhand der Verformelung, die Sie auf der nächsten Seite finden. Die Versprachlichungsmöglichkeiten der Formelzeichen haben wir in Lerneinheit 4 Teil E, Lerneinheit 6 Teil A und Lerneinheit 8 Teil E geübt.

Die Korrosion

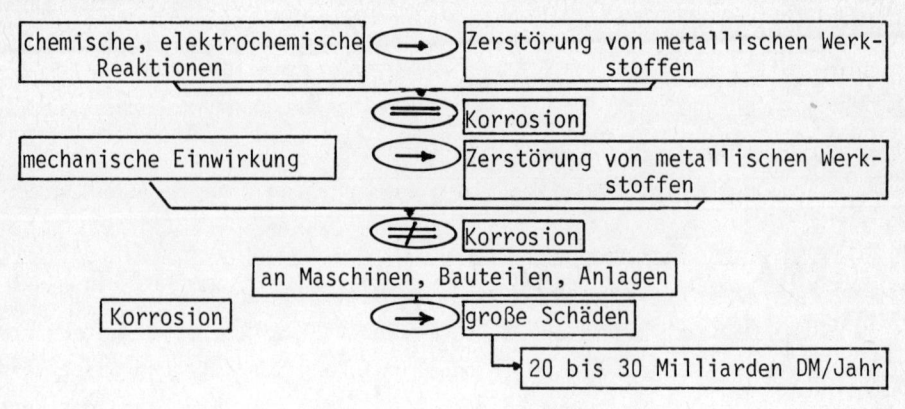

```
┌─────────────────────────────┐     ┌──────────────────────────────┐
│ chemische, elektrochemische │ ──▶ │ Zerstörung von metallischen  │
│         Reaktionen          │     │         Werkstoffen          │
└─────────────────────────────┘     └──────────────────────────────┘
                              ⬛ Korrosion

┌─────────────────────────┐         ┌──────────────────────────────┐
│ mechanische Einwirkung  │ ──▶     │ Zerstörung von metallischen  │
└─────────────────────────┘         │         Werkstoffen          │
                                    └──────────────────────────────┘
                              ≠ Korrosion
                    ┌──────────────────────────────────┐
                    │ an Maschinen, Bauteilen, Anlagen │
                    └──────────────────────────────────┘
       ┌───────────┐          ┌───────────────┐
       │ Korrosion │  ──▶     │ große Schäden │
       └───────────┘          └───────────────┘
                                       └─▶ ┌──────────────────────────┐
                                           │ 20 bis 30 Milliarden DM/Jahr │
                                           └──────────────────────────┘
```

ÜBUNG 6

Stellen Sie bitte die Korrosion kurz schriftlich dar!

....
....
....
....
....
....
....
....
....

Vergleichen Sie bitte Ihre Version mit dem nachfolgenden Originaltext!

> Unter Korrosion versteht man die Zerstörung von metallischen Werkstoffen durch chemische oder elektrochemische Reaktionen mit ihrer Umgebung. Die Zerstörung durch ausschließlich mechanische Einwirkungen gehört nicht zur Korrosion. Durch Korrosion entstehen an Bauteilen, Maschinen und Anlagen große Schäden. Man schätzt sie allein in der Bundesrepublik Deutschland auf 20 bis 30 Milliarden DM jährlich.

E KORROSIONSVERHALTEN VERSCHIEDENER WERKSTOFFE

Lesen Sie bitte den Text rasch durch, um eine Vorstellung vom Inhalt zu gewinnen. Bevor Sie den Text ein zweites Mal etwas genauer lesen, sehen Sie sich die Fragen und Aufgaben von Übung 7 an!

---

1 Chemische Korrosion

Bei vielen Metallen wird die Oberfläche durch chemische Vorgänge (Reaktionen) zerstört, wenn Flüssigkeiten wie Wasser, Säuren, Laugen und Salzlösungen oder Gase wie Luft und Sauerstoff den Werkstoff angreifen.
5 Bei Eisenwerkstoffen kann durch die Einwirkung von Luft und Wasser eine lockere, poröse Rostschicht entstehen, die bis zur Zerstörung des Werkstoffes fortschreitet. Auf Kupfer und Aluminium dagegen bildet sich eine dichte, haltbare Schutzschicht, die eine weitere Korrosion verhindert. Die Werkstoffe zeigen eine unterschiedliche Korrosionsneigung.
10 Während unlegierte Stähle bereits in feuchter Luft korrodiert werden, erleiden nichtrostende Stähle und Gold durch Luft keine Korrosion.

ÜBUNG 7

Aus welchen Textstellen kann man erkennen, daß

a. eine Salzlösung eine Flüssigkeit ist,
b. im Text unter "chemischen Vorgängen" nichts anderes als chemische Reaktionen zu verstehen sind,
c. eine lockere, poröse Rostschicht ungefähr das Gegenteil von einer dichten, haltbaren Schutzschicht ist,
d. unlegierte Stähle eine große Korrosionsneigung haben,
e. Gold in Luft korrosionsbeständig ist?

ÜBUNG 8

Bitte beantworten Sie die Fragen nach dem Muster:

In Zeile	vier sieben ⋮	des Textes steht, daß .... (Verb).

a. Was steht im Text über die Einwirkung von Luft und Wasser auf die Oberfläche von Eisenwerkstoffen?
b. Was steht im Text über die Intensität der Korrosion bei Eisenwerkstoffen?

c. Was steht im Text über die Korrosionsneigung von unlegierten Stählen?
d. Was steht im Text über die auf Kupfer- und Aluminiumoberflächen sich bildende Schutzschicht?
e. Was steht im Text über Salzlösungen?
f. Was steht im Text über die Rostschicht?

F HÖRTEXT

DIE INTERKRISTALLINE KORROSION

Lesen Sie bitte vor dem Hören den Text und sehen Sie sich das Bild an!

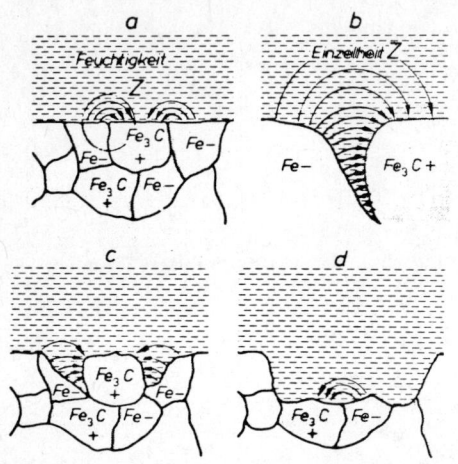

Die interkristalline Korrosion ruft eine Zerstörung von Metallgefügen hervor, die aus verschiedenartigen Kristallen bestehen. So besteht beispielsweise Stahl aus Ferritkristallen (Fe) und Eisenkarbidkristallen (Fe_3C). In einem solchen Gefüge entstehen bei Vorhandensein von Feuchtigkeit Lokalelemente. Dabei bilden die Ferritkristalle die negativen Elektroden (Katoden). Durch die in Lösung gehenden Ferritkristalle wird das Stahlgefüge zerstört.

ÜBUNG 9

Während Sie den Text zum erstenmal hören, verfolgen Sie bitte den Zusammenhang zwischen der Verformelung, den Abbildungen (s. nächste Seite) und dem Hörtext!

ÜBUNG 10

Bitte füllen Sie nach dem zweiten Hören die leeren Kästen auf der nächsten Seite mit den Zusatzinformationen des Hörtextes aus!

ÜBUNG 11

Halten Sie einen etwa 5minütigen Vortrag über die interkristalline Korrosion! Sie können dazu die Textverformelung, die Abbildungen und Ihre Eintragungen auf der nächsten Seite, nicht aber den Kurztext oben benutzen.

Lerneinheit 9

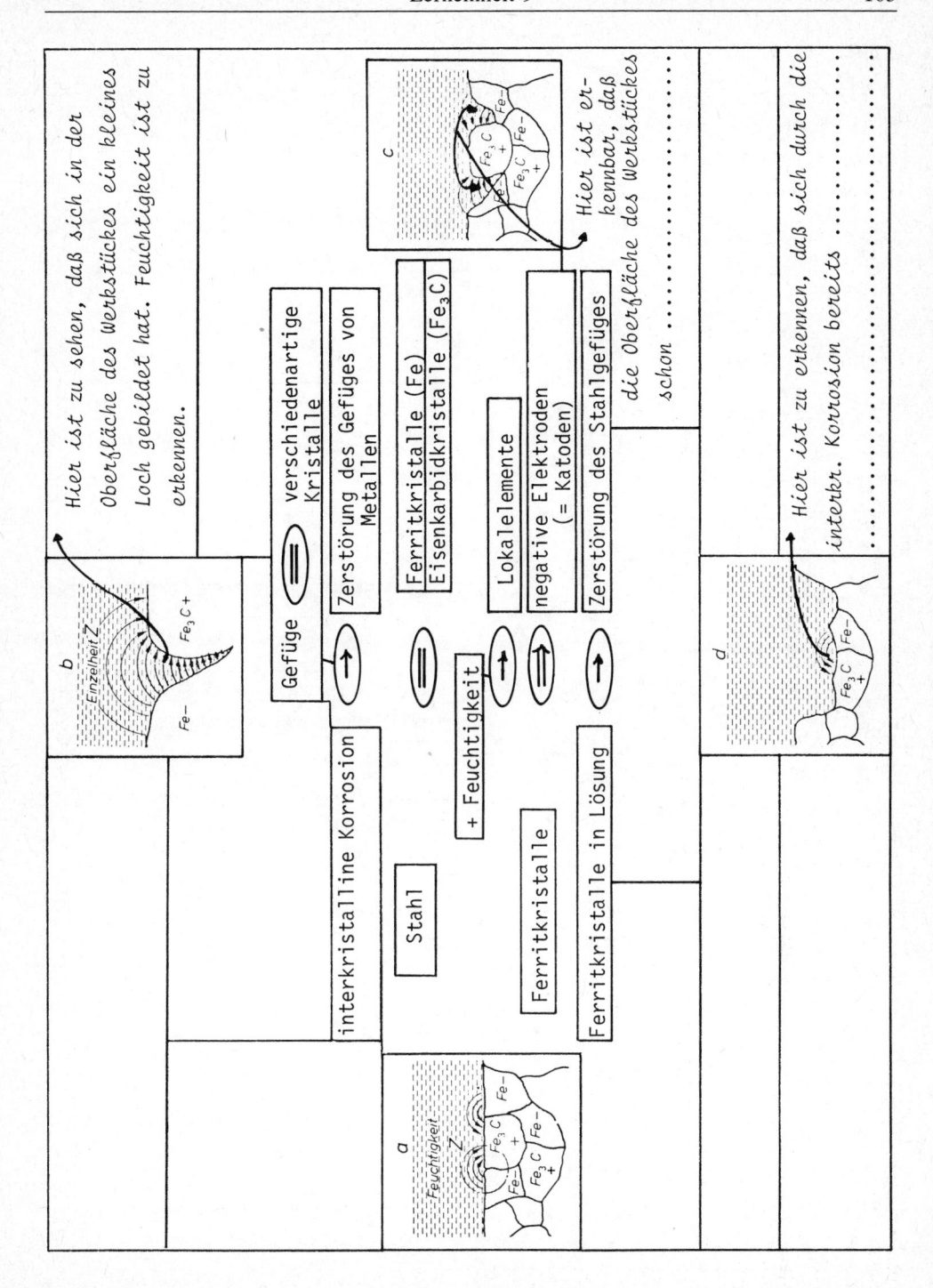

Hier ist zu sehen, daß sich in der Oberfläche des Werkstückes ein kleines Loch gebildet hat. Feuchtigkeit ist zu erkennen.

Hier ist erkennbar, daß die Oberfläche des Werkstückes schon ....

Hier ist zu erkennen, daß sich durch die interkr. Korrosion bereits ....

Gefüge	≡	verschiedenartige Kristalle
↑		Zerstörung des Gefüges von Metallen
≡		Ferritkristalle (Fe) Eisenkarbidkristalle (Fe$_3$C)
↑		Lokalelemente
⇒		negative Elektroden (= Katoden)
↑		Zerstörung des Stahlgefüges

+ Feuchtigkeit

interkristalline Korrosion

Stahl

Ferritkristalle

Ferritkristalle in Lösung

a — Feuchtigkeit Z — Fe$_3$C+ — Fe—
b — Einzelheit Z — Fe$_3$C+ — Fe—
c — Fe$_3$C+ — Fe—
d — Fe$_3$C — Fe—

G Einen Text anhand einer Abbildung erklären

Bitte sehen Sie sich den Text und die Abbildung an! Die Aufgabenstellung finden Sie auf der nächsten Seite.

Walzwerke

Beim Duo-Walzwerk (2 Walzen) wird stets in der gleichen Richtung gewalzt. Beim Trio-Walzwerk (3 Walzen) wird das Walzgut in einem Rückwärts-Walzgang zurückgeführt. Das Quarto-Walzwerk (4 Walzen) hat 2 Arbeitswalzen mit kleinerem Durchmesser und 2 Stützwalzen mit größerem Durchmesser.

→ *Hier ist ein Duowalzwerk erkennbar.*

→ *Hier ist zu sehen, daß die Arbeitswalze einen kleineren............*
....

Duo-Walzwerk   Trio-Walzwerk   Quarto-Walzwerk

Walzwerke

Stützwalze
Arbeitswalze

ÜBUNG 12

Erklären Sie bitte den Text, indem Sie die Abbildung beschreiben! Sagen Sie zunächst nur, was wo zu erkennen ist. Vielleicht können Sie danach noch einige inhaltliche Erklärungen geben. Schreiben Sie Ihre Angaben in die leeren Kästen nach dem Muster:

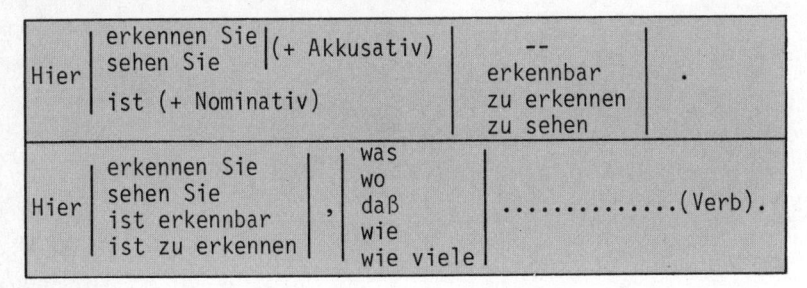

Hier	erkennen Sie / sehen Sie / ist (+ Nominativ)	(+ Akkusativ)	-- / erkennbar / zu erkennen / zu sehen	.
Hier	erkennen Sie / sehen Sie / ist erkennbar / ist zu erkennen	,	was / wo / daß / wie / wie viele	............(Verb).

ÜBUNG 13

Erklären Sie bitte in ähnlicher Weise die Abbildung von Teil H!

H GALVANISIEREN

Text: Beim Galvanisieren werden Werkstücke aus Metall durch Elektrolyse mit einem Metallüberzug versehen.

ÜBUNG 14

Ergänzen Sie bitte die folgenden Sätze anhand des obigen Textes!

a. Eine praktische Anwendung der Elektrolyse ist das ....
b. Die Werkstücke, die beim Galvanisieren mit einem Metallüberzug versehen werden, bestehen aus ....
c. Die Technik des Galvanisierens beruht auf der ....
d. Mit Hilfe der Elektrolyse ist es möglich, Metallüberzüge auf metallische .... aufzubringen.
e. .... kann man galvanisch mit einem Metallüberzug versehen.

Galvanisches Verkupfern

Das Werkstück, das verkupfert werden soll, wird in eine Lösung aus Kupfersulfat ($CuSO_4$) und Wasser getaucht und an den Minuspol einer Gleichstromquelle angeschlossen. Der Pluspol wird mit einer Kupferplatte verbunden. Durch Einwirkung des elektrischen Stromes wandern die Kupferionen zur Katode und bilden dort einen Überzug auf dem zu verkupfernden Werkstück. Der Säurerest SO_4^{2-} wandert zur Anode und löst ein Kupferatom aus der Kupferplatte.

$CuSO_4$ (Metallsalz) in Wasser aufgelöst
Cu schlägt sich auf der Werkstoffoberfläche nieder
SO_4 verbindet sich mit Cu der Platte zu neuem $CuSO_4$

Galvanisches Verkupfern

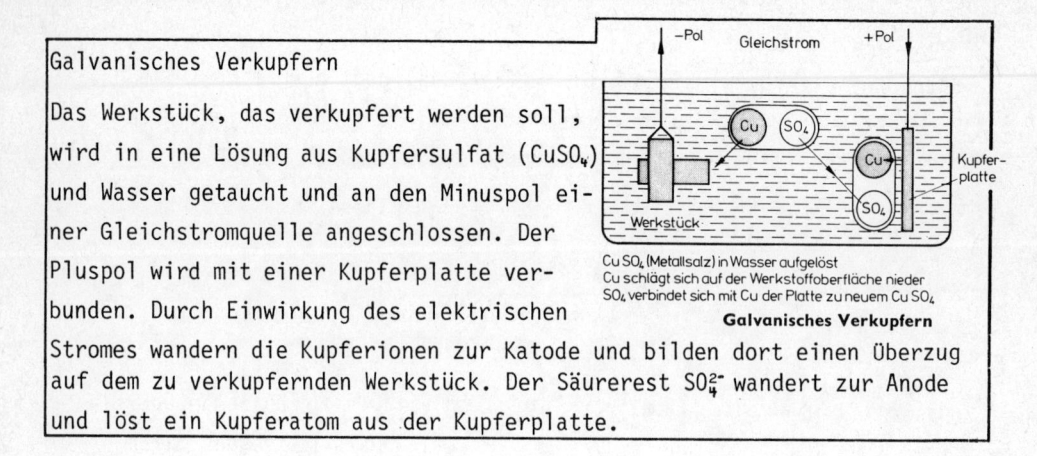

ÜBUNG 15

Geben Sie bitte nach dem Muster des obigen Textes an, wie man
a. vernickelt   b. versilbert   c. verzinkt   d. vergoldet!

Hier die nötigen Angaben im Überblick:

	Metall	Elektrolyt		Säurerest
zu a.	Nickel	Nickelsulfat	$NiSO_4$	SO_4^{2-}
zu b.	Silber	Silbernitrat	$AgNO_3$	NO_3^-
zu c.	Zink	Zinksulfat	$ZnSO_4$	SO_4^{2-}
zu d.	Gold	Goldchlorid	$AuCl; AuCl_3$	Cl^-

▌ ZUM LERNEN UND ÜBEN

FACHTERMINOLOGIE

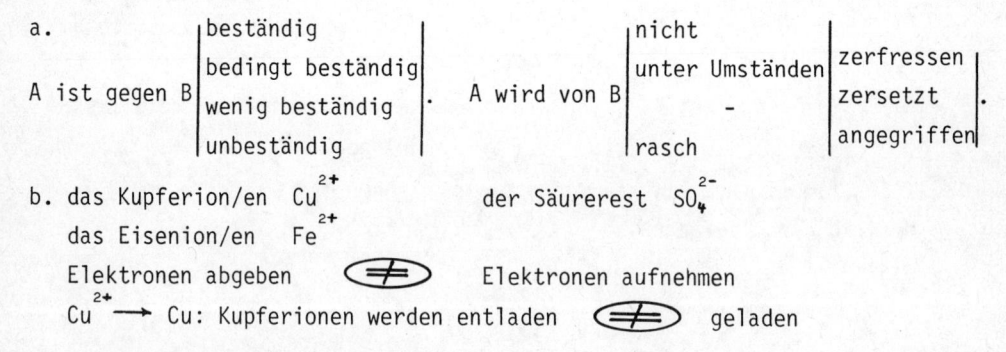

a.

A ist gegen B | beständig / bedingt beständig / wenig beständig / unbeständig | . A wird von B | nicht / unter Umständen / - / rasch | zerfressen / zersetzt / angegriffen | .

b. das Kupferion/en Cu^{2+} der Säurerest SO_4^{2-}
   das Eisenion/en Fe^{2+}

   Elektronen abgeben   ⇌   Elektronen aufnehmen

   $Cu^{2+} \rightarrow Cu$: Kupferionen werden entladen ⇌ geladen

STRUKTUREN

a. Ursache - Wirkung   s. Teil C; vgl. Lerneinheit 6 Teil E

Beispiele:

Elektrolyt ⟶ Eisen geht in Lösung.

Elektrolyt ⟶ Aus Eisenatomen bilden sich Eisenionen.

Korrosion ⟶ Große Schäden entstehen.

chemische Vorgänge ⟶ Metalloberflächen werden zerstört.

b.
das Werkstück, das verkupfert			verkupfernde Werkstück
die Oberfläche, die geschützt			schützende Oberfläche
der Strom, der gemessen		die	messende Strom
die Größe, die berechnet	werden soll =	der zu	berechnende Größe
das Eisen, das entmagnetisiert		das	entmagnetisierende E.
das Ergebnis, das geprüft			prüfende Ergebnis

UNTERRICHTSKOMMUNIKATION

Hier ist zu |erkennen| , daß ...(Verb).
            |sehen |

Hier ist ...(Substantiv, Nominativ)... |zu erkennen| .
                                       |erkennbar |

10

MASCHINEN UND MASCHINENTEILE

A SYSTEMATIK DER MASCHINEN

	Maschinen		
x	Kraftmaschinen	Arbeitsmaschinen	Werkzeugmaschinen
y	pneumatische Kraftmaschinen hydraulische Kraftmaschinen Wärmekraftmaschinen elektrische Kraftmaschinen	Fördermittel Pumpen Verdichter	Bohrmaschinen Hobel- und Stoßmasch. Drehmaschinen Fräsmaschinen Schleifmaschinen Räummaschinen
z	Kraftmaschinen dienen zur Umwandlung von Lageenergie, Bewegungsenergie, Wärmeenergie oder elektrischer Energie in mechanische Arbeit.	Arbeitsmaschinen dienen zum Heben, Tragen und zum Transport von Gütern, zum Heben, Verdichten und Fördern von Gasen und Flüssigkeiten und zur Verpackung und Lagerung von Produkten.	Werkzeugmaschinen dienen zur Bearbeitung von Werkstücken mit Werkzeugen.

ÜBUNG 1

Benennen Sie bitte die auf den Seiten 109 und 110 abgebildeten Maschinen und ordnen Sie sie zu!

Muster:
Bei der Maschine in Abbildung ..... handelt es sich um |eine/einen/ein| ...(y)...
Die in Abbildung .....dargestellte Maschine ist |eine/ein| ...(y)...
|Sie/Er| gehört zur Gruppe der ...(x)... und dient |zum/zur| ...(z)...

Beispiel:
Bei der Maschine in Abbildung c handelt es sich um einen Mobilkran.
Die in Abbildung c dargestellte Maschine ist ein Mobilkran.
Er gehört zur Gruppe der Arbeitsmaschinen und dient zum Heben und Tragen von Gütern.

Lerneinheit 10

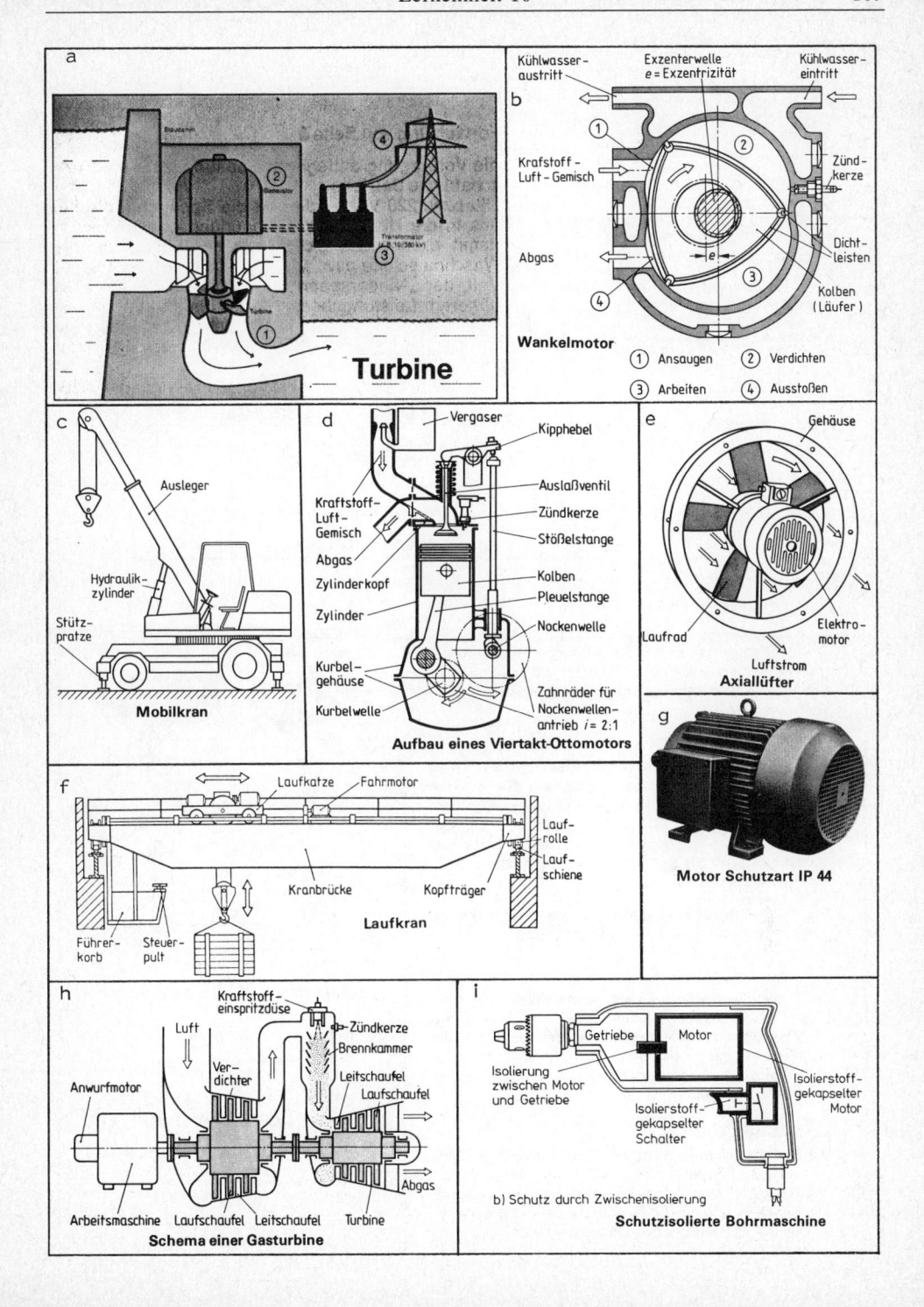

a
Turbine

b
Wankelmotor
- Kühlwasseraustritt
- Exzenterwelle e = Exzentrizität
- Kühlwassereintritt
- Kraftstoff-Luft-Gemisch
- Zündkerze
- Abgas
- Dichtleisten
- Kolben (Läufer)

① Ansaugen ② Verdichten
③ Arbeiten ④ Ausstoßen

c
Mobilkran
- Ausleger
- Hydraulikzylinder
- Stützpratze

d
Aufbau eines Viertakt-Ottomotors
- Vergaser
- Kipphebel
- Kraftstoff-Luft-Gemisch
- Auslaßventil
- Zündkerze
- Stößelstange
- Abgas
- Zylinderkopf
- Kolben
- Zylinder
- Pleuelstange
- Nockenwelle
- Kurbelgehäuse
- Zahnräder für Nockenwellenantrieb $i = 2:1$
- Kurbelwelle

e
Axiallüfter
- Gehäuse
- Laufrad
- Elektromotor
- Luftstrom

f
Laufkran
- Laufkatze
- Fahrmotor
- Laufrolle
- Laufschiene
- Kranbrücke
- Kopfträger
- Führerkorb
- Steuerpult

g
Motor Schutzart IP 44

h
Schema einer Gasturbine
- Kraftstoffeinspritzdüse
- Zündkerze
- Luft
- Brennkammer
- Verdichter
- Leitschaufel
- Laufschaufel
- Anwurfmotor
- Abgas
- Arbeitsmaschine
- Laufschaufel
- Leitschaufel
- Turbine

i
Schutzisolierte Bohrmaschine
- Getriebe
- Motor
- Isolierung zwischen Motor und Getriebe
- Isolierstoffgekapselter Motor
- Isolierstoffgekapselter Schalter

b) Schutz durch Zwischenisolierung

k Einfachwirkende Kolbenpumpe

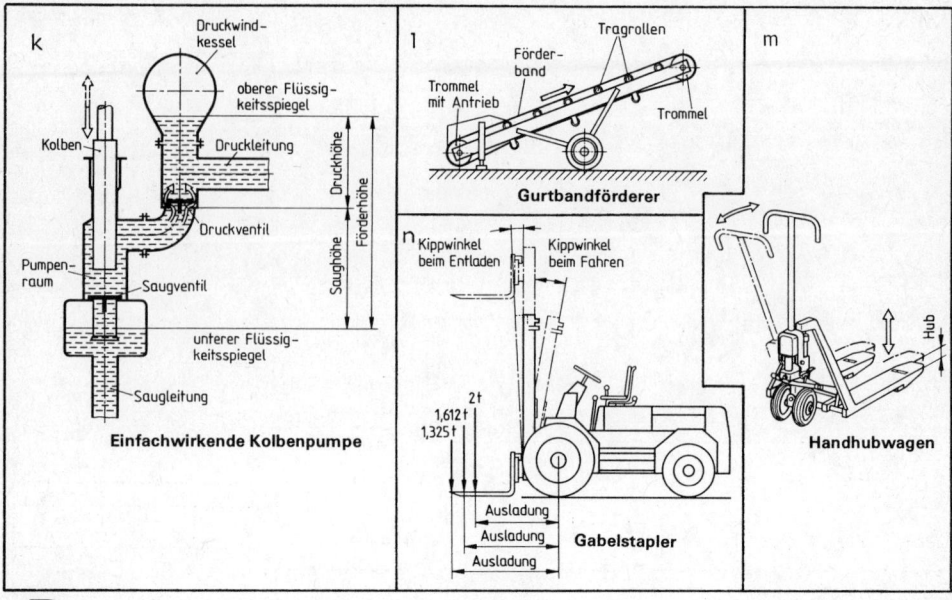

l Gurtbandförderer

n Gabelstapler

m Handhubwagen

B BEWEGUNGEN AN WERKZEUGMASCHINEN

Bei jeder spanenden Werkzeugmaschine unterscheidet man drei verschiedene Bewegungen: Die Haupt- oder Schnittbewegung, die Vorschubbewegung und die Zustellbewegung.

Haupt- oder Schnittbewegung

Die Haupt- oder Schnittbewegung kann vom Werkzeug oder vom Werkstück ausgeführt werden. Sie ist beim Hobeln, Stoßen und Räumen geradlinig, beim Bohren, Drehen, Fräsen und Schleifen kreisförmig. Die Geschwindigkeit der Hauptbewegung heißt Schnittgeschwindigkeit v. Sie wird in m/min, beim Schleifen in m/s angegeben.

Die Schnittgeschwindigkeit ist die Geschwindigkeit, mit der die Spanabnahme erfolgt.

Vorschubbewegung

Durch die Vorschubbewegung werden Werkzeug oder Werkstück stetig oder schrittweise verschoben. Sie kann sowohl von Hand als auch selbsttätig durch die Maschine erfolgen. Der Vorschub s je Umdrehung oder je Hub wird in mm, die Vorschubgeschwindigkeit u wird in mm/min angegeben.

Zustellbewegung

Die Zustellbewegung dient zum Einstellen der Schnitttiefe a (Spanungstiefe). Sie ist abhängig von der Bauart und der Durchzugskraft der Werkzeugmaschine sowie von der Beschaffenheit des Werkzeugs und des Werkstücks. Die Zustellung wird in mm angegeben.

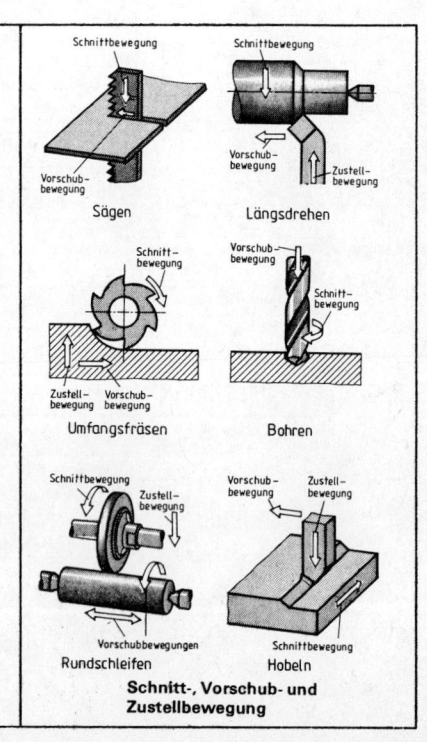

Sägen — Längsdrehen — Umfangsfräsen — Bohren — Rundschleifen — Hobeln

Schnitt-, Vorschub- und Zustellbewegung

Lerneinheit 10

ÜBUNG 2

Geben Sie bitte an, ob das Werkzeug oder das Werkstück die Bewegung ausführt!

Muster:
Beim ...(Bearbeitungsart)... wird die ...(Bewegungsart)... vom |Werkzeug / Werkstück| ausgeführt, während die ...|(Bewegungsart) / (Bewegungsarten)|... vom |Werkstück / Werkzeug| ausgeführt |wird / werden|.

Beispiel:
Beim Längsdrehen wird die Schnittbewegung vom Werkstück ausgeführt, während die Vorschub- bzw. die Zustellbewegung vom Werkzeug ausgeführt werden.

ÜBUNG 3

Geben Sie bitte die Bewegungsart an!

Muster:
Beim ...(Bearbeitungsart)... ist die ...(Bewegungsart)... des |Werkzeugs / Werkstücks| eine ... (Bezeichnung aus der Tabelle)... Bewegung.

Beispiel:
Beim Bohren ist die Vorschubbewegung eine geradlinige, begrenzte Bewegung.

Bildzeichen	Erklärung
→	Geradlinige Bewegung
↔	Geradlinige Bewegung in zwei Richtungen
→ →	Geradlinige Bewegung, unterbrochen
→⊣	Geradlinige Bewegung, begrenzt
⇄	Geradlinige Bewegung, begrenzt, einmal hin und zurück
⇄	Geradlinige Bewegung, begrenzt, fortlaufend hin und zurück
↷	Drehbewegung
↷	Drehbewegung, begrenzt, einmal hin und zurück
↷	Drehbewegung, begrenzt, fortlaufend hin u. zurück

ÜBUNG 4

Fragen zum Text

a. Welche andere Bezeichnung für "Schnittbewegung" kommt im Text vor?
b. In welcher Einheit wird die Schnittgeschwindigkeit angegeben?
c. Durch welches Bildzeichen der Tabelle von Übung 3 wird eine schrittweise Bewegung dargestellt?
d. In welcher Einheit wird die Vorschubgeschwindigkeit angegeben?
e. In welcher Einheit wird die Zustellung angegeben?
f. Welche Wortgleichungen bzw. Wortungleichungen können Sie aus dem Text entnehmen?

geradlinig $\neq$ .... selbsttätig $\neq$ ....
stetig $\neq$ .... Umdrehung $\neq$ ....
Schnittiefe $=$ .... Schnittbewegung $=$ ....

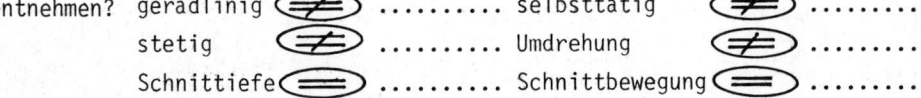

C Kraftübertragungselemente

Wellen sind Maschinenelemente, die mechanische Arbeit durch Drehbewegung übertragen. An Werkzeugmaschinen werden die Wellen meist als Spindeln bezeichnet.	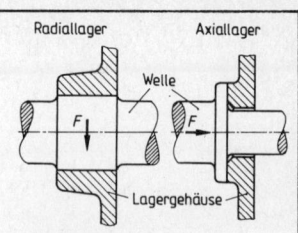 **Radiallager und Axiallager**
Achsen dienen zum Tragen sich drehender oder schwingender Maschinenteile. Sie übertragen keine Drehmomente. Durch Riementrieb lassen sich Drehmomente einfach und billig übertragen.	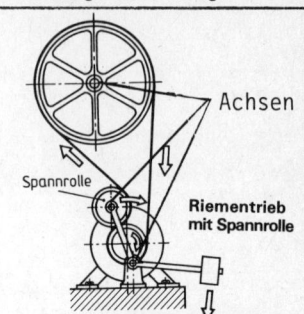 **Riementrieb mit Spannrolle**
Kettentriebe eignen sich zur Kraftübertragung bei großen Achsabständen. Bei kleineren Achsabständen kann man die Kraft auch direkt durch einen Zahnradtrieb übertragen.	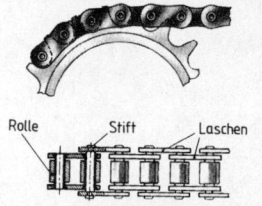 **Rollenkette**
Bolzen verwendet man, um Maschinenteile beweglich zu verbinden, z.B. die Glieder von Gelenken.	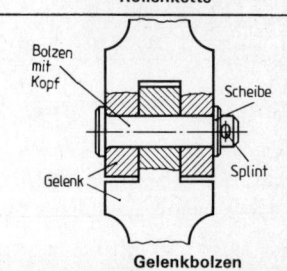 **Gelenkbolzen**
Kupplungen haben die Aufgabe, zwei Wellen miteinander zu verbinden. Man unterscheidet schaltbare und nichtschaltbare Kupplungen.	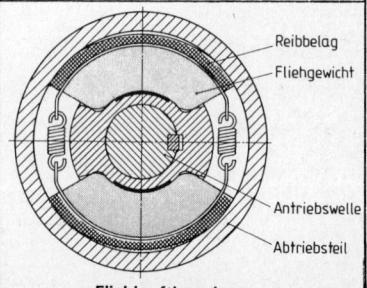 **Fliehkraftkupplung**

Lerneinheit 10

ÜBUNG 5

Welche Aufgabe haben .... |
Wozu werden .... verwendet |?

a. Achsen
b. Riementriebe
c. Kupplungen
d. Bolzen
e. Kettentriebe
f. Spindeln

Antwortmuster:

.... | haben die Aufgabe, ... | zu (Infinitiv) .
     | werden verwendet, um ... |
     | werden | zum |..... verwendet
     | | zur |

ÜBUNG 6

Bitte beantworten Sie die Fragen mit Hilfe der Texte und Abbildungen!

a. Womit lassen sich Wellen fest oder beweglich verbinden?
Mit Hilfe von ....

b. Womit lassen sich Drehmomente einfach und billig übertragen?
Mit Hilfe von ....

c. Womit lassen sich Kräfte bei großen Achsabständen übertragen?
Mit Hilfe von ....

d. Womit lassen sich Kräfte bei kleinen Achsabständen übertragen?
Mit Hilfe von ....

ÜBUNG 7

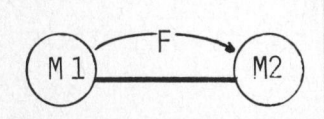

| Kraftübertragung von einer Maschine auf die andere | Kraftübertragungselemente sind Maschinenteile, mit denen Bewegungen von Maschine zu Maschine oder innerhalb einer Maschine übertragen werden. | Kraftübertragung innerhalb einer Maschine |

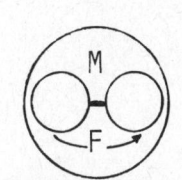

Bitte vervollständigen Sie die Sätze!

a. Maschinenteile, mit deren Hilfe man Bewegungen von einer .... auf die andere übertragen kann, nennt man ....

b. Mit Hilfe von .... kann man Bewegungen innerhalb einer .... übertragen.

c. Wenn man Bewegungen mit Maschinenteilen von einer Maschine auf die andere überträgt, so werden diese Maschinenteile als .... bezeichnet.

d. Die Kraftübertragung bei .... in der Metallverarbeitung wird mit Hilfe von .... durchgeführt.

e. .... verwendet man, um Bewegungen innerhalb einer .... oder zwischen zwei .... zu übertragen.

Diese Strukturen sind in der Fachsprache häufig. Lesen Sie sie bitte noch einmal durch.

D VERWENDUNGSZWECK

In fachsprachlichen Texten muß oft angegeben werden, wozu man einen Stoff, ein Gerät oder eine Maschine braucht. Dazu haben wir folgende Sprachmittel:

1	a b c d	....	wird verwendet | man | zum benutzt zur dient zum/zur	....	verwendet benutzt - - -	.
2		.... hat die Aufgabe, ... zu (Infinitiv).				
3	a b c d	....	verwendet | man benutzt wird verwendet , dient dazu	um .... zu (Infinitiv). .... zu (Infinitiv).		
4	a b	Mit Hilfe	des der von	....	kann man läßt sich lassen sich	.... (Infinitiv).

ÜBUNG 8

Überprüfen Sie bitte die Texte der Teile A bis C auf Strukturen, mit denen der Verwendungszweck angegeben wird!

Antwortbeispiel:

In Lerneinheit 10 Teil C Zeile 6	wird tritt	die Struktur 3 d	verwendet benutzt auf	.

ÜBUNG 9

Spielen Sie bitte die obigen Strukturen durch!

a. galvanisches Element	Gleichspannung erzeugen
b. Turbine	Bewegungsenergie des Wassers in elektrische Energie umwandeln
c. Schaltelemente	Stromkreis möglichst einfach darstellen
d. Polykondensation	Kunststoffe mit enger Vernetzung der Moleküle gewinnen
e. Tabellenbuch	Werte, Größe und Formeln nachschlagen
f. Meßschieber	Längenmessungen durchführen

ÜBUNG 10

Schreiben Sie bitte ein Beispiel aus Ihrem Berufsfeld!

1
  a ....
  b ....
  c ....
  d ....

2 ....

3
  a ....
  b ....
  c ....
  d ....

4
  a ....
  b ....

Oft treten Angaben zum Verwendungszweck in Definitionen auf. Dabei entsteht folgende Struktur:

zu definierender Begriff ⟴ Oberbegriff + Angaben zum Verwendungszweck

> Muster:
>
> Unter ...(Begriff)...versteht man | eine / einen / ein | ... (Oberbegriff)...,
>
> der/die/das zum/zur ..... dient/verwendet wird/benutzt wird
> mit dessen/deren Hilfe man .....(Infinitiv) kann
> mit dem/der man ..... (Infinitiv) kann
> die/den/das man zum/zur ...... verwendet/benutzt
>
> Beispiel:
> Unter einer Welle versteht man ein Maschinenteil, mit dessen Hilfe man Drehmomente übertragen kann.
> Unter einer Achse versteht man ein Maschinenteil, das zum Tragen sich drehender oder schwingender Maschinenteile benutzt wird.

ÜBUNG 11

Bitte liefern Sie Definitionen mit Angabe des Verwendungszwecks!

a. Generator ⟹ Kraftmaschine ⟶ Bewegungsenergie in elektrische Energie umwandeln

b. Bolzen ⟹ Kraftübertragungselement ⟶ Maschinenteile beweglich verbinden

c. Meßschieber ⟹ Meßgerät ⟶ Längenmessung

d. Drehspulmeßwerk ⟹ elektrotechnisches Meßgerät ⟶ Gleichstrom messen

e. Kettentrieb ⟹ Maschinenteil ⟶ Kraftübertragung bei großen Achsabständen

E   Hörtext: Entdecker und Erfinder

Bevor Sie den Text hören, sehen Sie sich bitte in Ruhe die abgebildeten Briefmarken an. Dann lesen Sie die Fragen und Aufgaben zum Hörtext in Übung 11. Versuchen Sie, nach dem ersten Hören einige Fragen zu beantworten. Sehen Sie sich dann die Fragen und Aufgaben an, die Sie noch nicht bearbeiten konnten, bevor Sie den Text zum zweiten- oder drittenmal hören.

Lerneinheit 10

Abbildung zum Hörtext

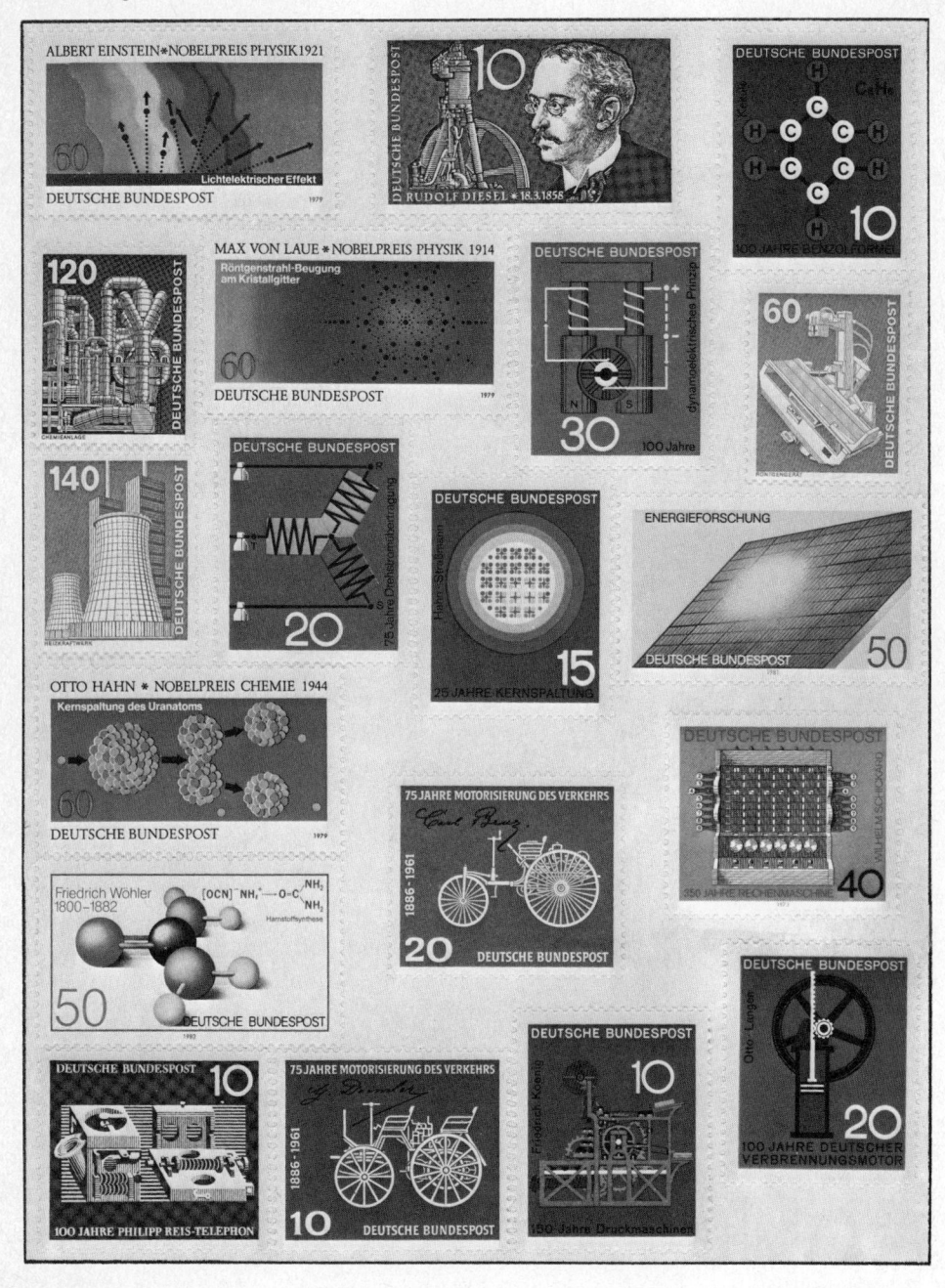

ÜBUNG 12

Fragen und Aufgaben zum Hörtext

a. Welche deutschen Wissenschaftler und Erfinder werden im Text erwähnt?
b. Welche wichtigen Erfindungen und Entdeckungen werden erwähnt?
c. Wo war Kekulé Professor?
d. Wann ist Kekulé gestorben?
e. Wofür erhielt Albert Einstein den Nobelpreis?
f. Wann erhielt Albert Einstein den Nobelpreis?
g. Wo war Albert Einstein Professor?
h. Wann emigrierte Albert Einstein in die USA?
i. Was war Nikolaus Otto von Beruf?
k. Wann machte Diesel sein Patent über die Wärmekraftmaschine?
l. Wo kann man das Modell des Dieselmotors besichtigen?
m. Welche Bedeutung haben die Röntgenstrahlen in der Technik?
n. Wann erhielt Wilhelm Conrad Röntgen den Nobelpreis?

F ZUM LERNEN UND ÜBEN

FACHTERMINOLOGIE

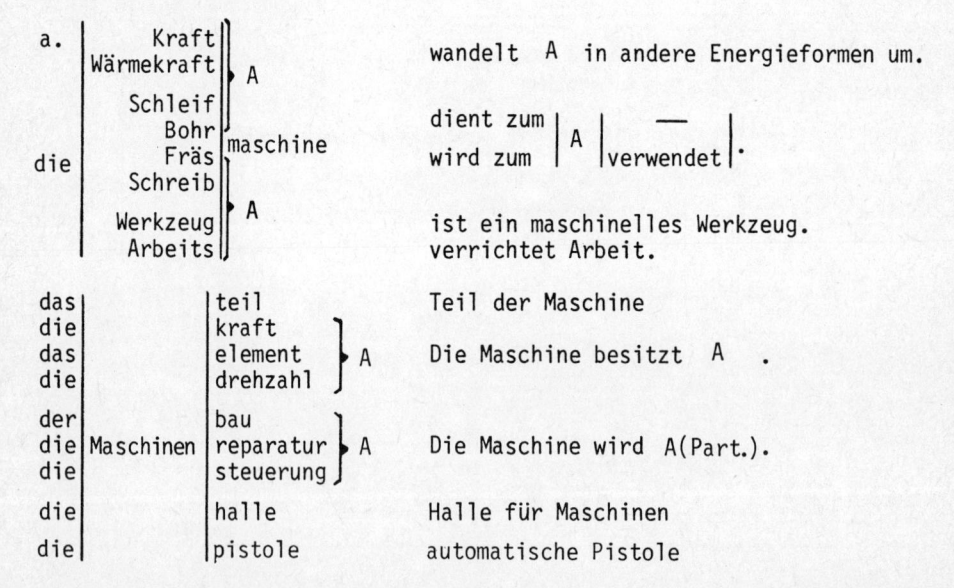

a.

die	Kraft / Wärmekraft	A	wandelt A in andere Energieformen um.
	Schleif / Bohr / Fräs / Schreib	maschine	dient zum | A | — | . wird zum | | verwendet |
	Werkzeug / Arbeits	A	ist ein maschinelles Werkzeug. verrichtet Arbeit.

das		teil	Teil der Maschine
die		kraft	
das		element	} A Die Maschine besitzt A .
die		drehzahl	
der		bau	
die	Maschinen	reparatur	} A Die Maschine wird A(Part.).
die		steuerung	
die		halle	Halle für Maschinen
die		pistole	automatische Pistole

b. das Werkstück/e
 der Werkstoff/e
 die Werkbank/-bänke
 das Werkzeug/e
 die Werkhalle/n
 die Werkstatt/-stätten
 der Werktag/e

Das Werkstück besteht aus Werkstoff. Es wird auf der Werkbank mit einem Werkzeug bearbeitet. Die Werkbank steht in der Werkhalle (Produktion) oder in der Werkstatt (Reparatur und Wartung). Es wird nur an Werktagen, also nicht an Sonn- und Feiertagen, gearbeitet. Auch die Samstage sind arbeitsfrei.

c.

A Maschinenteil	B Aufgabe/Funktion	C weitere Angaben
die Welle/n	Drehbewegungen übertragen	-
die Spindel/n	Drehbewegungen übertragen	an Werkzeugmaschinen
die Achse/n	bewegliche Maschinenteile tragen	-
der Riementrieb/e	Drehmomente übertragen	einfach, billig
der Kettentrieb/e	Kräfte übertragen	bei großen Achsabständen
das Zahnrad/-räder	Kräfte übertragen	bei kleinen Achsabständen
der Bolzen/-	Maschinenteile beweglich verbinden	-
die Kupplung/en	Wellen miteinander verbinden	schaltbar, nichtschaltbar

STRUKTUREN

(Die Buchstaben A, B und C beziehen sich auf die Tabelle von c.)

A |hat/haben| die Aufgabe, ...B... zu (Infinitiv). ...C...

A |dient/dienen| |zum/zur| ...B (Substantiv)... ...C...

A |wird/werden| verwendet, um ...B...zu (Infinitiv). ...C...

UNTERRICHTSKOMMUNIKATION

A Name des Erfinders/ Entdeckers	B Erfindung/ Entdeckung	C Zeitangabe	D weitere Angaben

(Legen Sie mit Hilfe der Abbildung von Teil E eine Tabelle an!)

A |entdeckte/erfand| im Jahre C die/den/das ...B.... ...D...

ALPHABETISCHES REGISTER

Im Alphabetischen Register sind nur solche Wörter enthalten, die nicht zur Wortliste des "Zertifikats Deutsch als Fremdsprache" gehören. Auch vereinzelt auftretende Fachwörter insbesondere der Lesetexte wurden nicht aufgenommen.

Symbole und Abkürzungen

/	Magnet/e	trennt Singular- und Pluralform bzw. Singularform und Pluralendung.
/	ab/kürzen	kennzeichnet das Präfix des Verbs als trennbar.
8E 10C	Achse/n f. 8E 9A	Die Ziffern geben die Lerneinheit an, in der das Wort vorkommt, die Buchstaben beziehen sich auf den Teil der Lerneinheit.
m.		maskulinum
f.		femininum
n.		neutrum
-	Magnet/e m. 7B -feld/er n. 4A	= Magnetfeld

A

ab/kürzen 1A 8A

Abkürzung/en f. 1A

ab/schalten 7E

(sich) ab/stoßen, stößt, gestoßen 8B
Die beiden Kerne stoßen sich ab.

Abwärme f. 2B

Achse/n f. 8E 10C
Meßwerk- 8B

Ammoniak n. (NH_3) 3B

amorph 5B

Analyse/n f. 3B

Angabe/n f. 3F
nähere -n 3F

an/geben, gibt an, angegeben 1B

an/greifen, angegriffen 9A
Metall wird von ... angegriffen.

A

Anker/- m. 7E

Anlage/n f.
Kraftwerks- 2B

Anordnung f. 5B

an/schließen, angeschlossen 9H

Anschluß/Anschlüsse m. 6A

Anzahl f. 1B

an/zeigen
Anzeigefehler 8D

an/ziehen, angezogen 8B (≠ abstoßen)

Arbeit/en f.
-svermögen n. 2B
-smaschine/n f. 10A

Atomkern/e m. 2C

Aufbau m. 4B

(sich) auf/biegen, aufgebogen 8E
Die Spirale biegt sich auf.

auf/weisen, aufgewiesen
(= besitzen) 5C

aus/drücken 1A

aus/führen 8A 10B
eine Messung - 8A
eine Bewegung - 10B

Ausnahme/n f. 5A

Aussage/n f. 1B

aus/schalten
Ausschaltvorgang m. 7E

Ausschlag/Ausschläge m.
Zeiger- 8B

B

Band/Bänder n. 6C
Metall- 6C

Batterie/n f. 6B

bauen
Bauteil/e n. 9D

Bedeutung/en f. 1B

Begriff/e m. 1A
 Schlüssel- 2C
 Ober- 3F

belasten
 umweltbelastende Abwärme 2B

belichten 4C

beliebig 7B

beschriften 1A

beständig 5D
 form- 5D
 gegen Korrosion - 9A
 un- 9A

Beständigkeit f.
 Korrosions- 9A

bestehen aus, bestanden 3F 5A 6C 8B
 Kunststoffe - Kohlenstoffverbindungen 5A
 Das Band besteht aus Metall. 6C

Betrag/Beträge m. 2B

betragen, beträgt, betragen 1B 1D 3A
 Die Wertigkeit beträgt eins. 3A

bewegen 4A

beweglich 4B 8B

Bewegung/en f. 1A 4B
 -senergie 2A 4B 10A
 - richtung f. 4E
 Dreh- 8B 10B

bewirken 9C

bezeichnen als 2B 2C 3E
 A wird als B bezeichnet. 2C
 A bezeichnet man als B. 3E

Bimetall/e n. 8E
 -meßwerk/e n. 8E

Blech/e n.
 Trenn- 7E

Blei n. (Pb) 3A

bohren
 Bohrmaschine/n f. 6I 10 A

Bolzen/- m. 10C

Brennstoff/e m. 2C

C

Chemie f. 9A
 Elektro- 9A

chemisch 9A
 elektro- 9A
 -e Reaktion 9D

D

Dampf/Dämpfe m.
 -turbine/n f. 2C

dar/stellen 3B
 Die Synthese läßt sich durch eine Gleichung -.

Dauermagnet/e m.
 -werkstoff/e m. 7C

Dehnung f. 3D

Destillation f. 3C

d.h. (das heißt) 5B

Dichte f. 7C
 dicht 9E

Dispersion f. 3C

dissoziieren 9C

drehen (=rotieren) 1B
 Drehzahl 1A
 Drehfrequenz 1B
 Drehrichtung 7D
 Drehmoment 7D 8B
 Dreheisenmeßwerk 8B

drehen (=spanend bearbeiten)
 Drehmaschine/n f. 10A

Duowalzwerk/e n. 9G

Durchflutung f. 7A

Durchgang m.
 Strom- 8E

Durchmesser/- m.
 Scheiben- 1A

Durchschnitt m. 1A
 -sgeschwindigkeit/en f. 1B

Duroplast/e m. 5B

E

edel 9A
 Kupfer ist edler als Kobalt.
 un- 9A

Eigenschaft/en f. 3D
 Isolier- 5D

Einfluß/Einflüsse m. 8D
 - fehler/- m. 8D

Einheit/en f. 1A 6A 8A
 Zeit- 1B
 Basis- 8A
 -enzeichen/- n. 8A

Einrichtung/en f. 6B
 elektrische -

einwertig 3A
 s. -wertig

Einwirkung/en f. 9C

Eisen n. (Fe) 7B 8B 9A
 -erz/e n. 3B
 -kern/e m. 6C 8B
 - werkstoff/e m. 9E

elastisch
 gummi- 5B
 stahl- 5B

Elastomer/e m. 5B

Elektrizität f.
 -sgewinnung f. 2A
 Reibungs- 4A

Elektrochemie f. 9A

elektrochemisch 9A

Elektrode/n f. 9E

Elektrolyse/n f. 3B 9A
Elektromotor/en m. 2C
Elektron/en n.
 -enmangel m. 4A 6A
 -enstrom m. 6A
 -enübergang m. 4A
 -enüberschuß m. 4A 6A
Element/e n. (galvanisches -) 2C 4A 9C
Element/e n. (chemisches - = Grundstoff) 3A
Element/e n. (= Teil)
 Kraftübertragungs- 10C
 Maschinen- 10C
Elementarmagnet/e m. 7B
Emulsion/en f. 3C
Energie/n f. 2A
 Kern- 2C
 -umwandlung f. 2D
engmaschig 5B
entladen, entlädt, entladen 9C
Entladung f. 9C
entnehmen, entnimmt, entnommen 7C
 Aus der Tabelle kann man -, daß ... 7C
Entstehung f. 7D
Erdgas n. 5A
Erdöl n. 5A
erfolgen 2B 3B 9C
 Der Prozeß erfolgt ohne ... 2B
 Erfolgt die Analyse ..., so ... 3B
erkennbar 7C
Erregung f. 7E
erwärmen 7B 8E
Erz/e n.
 Eisen- 3B

erzeugen 2B 3B 6A
 Energie - 3B
 synthetische Stoffe - 6A
Erzeuger/- m. 2C 6A
Erzeugung f.
 Spannungs- 4A
 Licht- 4A
 Stahl- 6C

F

Faden/Fäden m.
 -molekül/e n. 5A 5B
 -förmig 5C
Fahrzeug/e n. 1D
Fallhöhe f. 2A
färben 5E
Feder/n f.
 Kontakt- 7E
 Spiral- 8B
Feld/er n.
 -stärke f. 7A
 -linie/n f. 7A
 Magnet- 7B
Festigkeit f. 3D
fest/stellen (= fixieren)
Feststellschraube/n f. 8A
feucht 9E
Feuchtigkeit f. 9F
Flußdichte f. 7A
 magnetische -
Formel/n f. 1A
-förmig
 faden- 5C
 gas- 3A
 kreis- 1A
 schneiden- 8A
 spiral- 8E
Fortbildungsvorhaben/- n. 1A
fort/schreiten, ist fortgeschritten 9E

Foto-Element/e n. 4A
fräsen
 Fräsmaschine/n f. 10A
Frequenz/en f.
 Dreh- 1B
Funktionsweise f. 4B

G

galvanisch 2C 4A 9C
 -e Element 9C
galvanisieren 9A
Gefäß/e n.
 Glas- 9B
Gefüge/- n. 9F
 Metall- 9F
 Stahl- 9F
gehören zu 2B
Gelenk/e n. 10C
Gemenge/- n. 3C
Generator/en m. 2A 4A
geordnet 7B
geradlinig 1A 10 B
Gerät/e n.
 Meß- 6A
 Schweiß- 6I
gewinnen, gewonnen (= erzeugen) 5A
 Kunststoffe werden aus ... gewonnen. 5A
Gewinnung f.
 Elektrizitäts- 2A
 Trinkwasser- 2A
Gleichspannung f. 7B
Gleichstrom m.
 -quelle/n f. 9H
Gleichung/en f. 3B
Glied/er n. 10C
Gliederung/en f.
 -spunkt/e m. 4B 6C

Glimmlampe/n f. 6B
Glühbirne/n f. 2C
Gold n. (Au) 9E
Größe/n f. 1C
Gummi/s n.
  -elastisch 5B
Gußlegierung/en f. 3D
Gußmessing m. 3D

H

haltbar 9E
handeln von 2A
Härte f. 3D
heben, gehoben 10A
Herstellung f. 5A
hobeln
  Hobelmaschine/n f. 10A
Hub/Hübe m. 10B

I

Induktion f. 4A 7B
infolge 7E
Inhaltsverzeichnis/se n. 1A 5D
interkristallin 9F
  -e Korrosion 9F
Ion/en n.
  Kupfer- 9C
  Sulfat- 9C
  Eisen- 9C
Isolierstoff/e m. 4A
Isoliereigenschaft/en f. 5D

K

Katode/n f. 9F

Kern/e m. 8B
  Atom- 2C
  Eisen- 6C
  -energie f. 2C
  -spaltung f. 2G
kinetisch 2B
  -e Energie
Klebstoff/e m. 5F
Knetlegierung/en f. 3D
Kohlenstoff m. (C) 5A
  -verbindung/en f. 5A
Kontakt/e m.
  -feder/n f. 7E
korrodieren 9E
Korrosion f. 9A
  -sbeständigkeit f. 9A
  -sneigung f. 9A
  -sverhalten n. 9E
Kraft/Kräfte f. 10C
  -fahrzeug/e n. 1B
  -maschine/n f. 10A
  -stoff/e m. 2D
  -übertragung f. 10C
  -werk/e n. 2A
  Meß- 8E
Kupfer n. (Cu) 4A
  -draht/drähte m. 4B
  -platte/n f. 4A 9H
  -sulfatlösung f. 9B
Kupplung/en f. 10C

L

Ladung/en f. 9C
Lauge/n f. 9E
lauten 1A 7C
Legierung/en f. 3C
  Guß-, Knet- 3D
Leistung f.
  Schalt- 7E
Leiter/- m. 4A 4E 6A
Leitfähigkeit f. 3D 6F
  elektrische -

Licht n.
  -geschwindigkeit f. 1B
  -erzeugung f. 4A
  -stärke f. 8A
locker 9E
löslich 5E
  un- 5B
Lösung/en f. 3C 9C
  -smittel/- n. 3C 5D
  Kupfersulfat- 9B
  Salz- 4A

M

Magnet/e m. 7B
  Dauer-werkstoff/e m. 7B
  Elementar- 7B
  -feld/er n. 4A 4E 7B
  -spule/n f. 7E
  Teil- 7B
magnetisch 7A 8B
Magnetismus m. 7A
Makromolekül/e n. 5A
makromolekular 5A
Maßzahl/en f. 1D
messen, mißt, gemessen 6A
  Dreheisenmeßwerk/e n. 8B
  Längenmeßtechnik f. 8B
  Meßfläche/n f. 8A
  Meßgerät/e n. 6A 8H
  Meßkraft/-kräfte f. 8E
  Meßschieber/- m. 8A
  Meßstrom/-ströme m. 8E
  Meßwerk/e n. 8D
Messing m. 3D
  Guß- 3D
Messung/en f. 8A
  Außen- 8A
  Fern- 4B
  Innen- 8A
  Tiefen- 8A
  Wärme- 4A
Minuspol/e m. 6A
mittlere 2A

Molekül/e n. 5B
Moment/e n.
 Dreh- 7D 8B
 Rückstell- 8B

N

Neigung/en f.
 Korrosions- 9A
Netz/e n. 5B
 Vernetzung f. 5B
 vernetzt 5B
Netzwerk n. 5B
Nichtmetall/e n. 3A
Nordpol/e m. 7D

O

Oberbegriff/e m. 3F
Oberfläche/n f. 4B 9C
organisch 5A
Oxidation f. 3B

P

plastisch 5B
Platte/n f.
 Grund- 4A
 Kupfer- 4A 9H
 Metall- 6C
 Zink- 4A
Pluspol/e m. 6A
Pol/e m. 7A
 Minus- 6A
 Nord- 7D
 Plus- 6A
 Polfläche/n f. 7A
 Süd- 7D
Polyaddition f. 5B
Polykondensation f. 5B
Polymerisation f. 5B
porös 9E

Potentialdifferenz f. 9A
potentiell 2B
 -e Energie 2B
Produkt/e n. 7A
Pumpe/n f. 10A

Q

Quelle/n f.
 Gleichstrom- 9H
 Strom- 6A
Querschnitt/e m. 6F
Quotient/en m. 7A

R

Reaktion/en f. 9D
Reaktor/en m. 2A
Register/- n. 5D
Reibung f. 4B
 -selektrizität f. 4A
Relais/- n. 7E
Riemen/e m.
 -scheibe/n f. 1B
 -trieb/e m. 10C
Rohrleitung/en f. 2A
Rohstoff/e m. 5A
Röntgenstrahl/en m. 10E
Rost m.
 -schicht/en f. 9E
Rückstellmoment/e n. 8B

S

Salz n.
 -lösung/en f. 4A 9E
Sauerstoff m. (O_2) 3B
Säure/n f. 5D 9E
 Salpeter- (HNO_3) 9A
 Schwefel- (H_2SO_4) 9A
Schall m. 1B

schaltbar 10C
schalten
 Schaltleistung f. 7E
 Schaltplan/-pläne m. 6B
 Schaltspiel/e n. 7E
 Schaltstück/e n. 7E
 Schaltelement/e n. 10B
 Schaltzeichen/- n. 6B
Schaltung/en f.
 Fern- 7E
schätzen 9D
Scheibe/n f.
 Riemen- 1B
 -ndurchmesser/- m. 1A
 Schleif- 1B
Schicht/en f.
 Rost- 9E
 Schutz- 9E
 Sperr- 4A
schleifen, geschliffen 6I
 Schleifmaschine/n f. 6I 10A
 Schleifscheibe/n f. 1B
Schlüsselbegriff/e m. 2C
schmelzbar 5B 5E
schmelzen, schmilzt, geschmolzen
 Schmelzpunkt/e m. 3D
Schneide/n f.
 -nförmig 8A
Schnittbewegung/en f. 10B
Schnittgeschwindigkeit/en f. 1B
Schraube/n f.
 Feststell- 8A
Schütz/e m. 7E
Schutzschicht/en f. 9E
Schwefel m. (S) 3A
 -säure f. (H_2SO_4) 9A
schweißbar 5E
schweißen 6I
 Schweißgerät/e n. 6I
Spaltung/en f.
 Kern- 2G

Span/Späne m.
 -abnahme 10B

spanlos 5E

Spannung/en f. 1D 4E
 elektrische - 4A 6A
 Gleich- 7B
 -serzeuger/- 4A 4B
 -serzeugung f. 4A 4B
 -smesser/- m. 4B 6A
 -sreihe/n f. 9A

speichern
 gespeicherte Energie 2C

Sperrschicht/en f. 4A

Spindel/n f. 10C

Spirale/n f. 8B
 -feder/n f. 8B
 -förmig 8E

Spule/n f. 4E 7B 8B
 Magnet- 7E

Stab/Stäbe m.
 Glas- 4A

Stahl/Stähle m. 1B 9E
 -erzeugung f. 6C
 -gefüge n. 9E
 -elastisch 5E

Stärke f. 4F
 Strom- 4F
 Feld- 7A
 Licht- 8A

stauen 2B

steuern
 Steuerstrom/-ströme m. 7E
 Steuerstromkreis/e m. 7E

Steuerung/en f.
 Fern- 7E

Stickstoff m. (N_2) 3A

Stoff/e m.
 Isolier- 4A 5D
 Kleb- 5F
 Kohlen- (C) 5A
 Kunst- 5A
 Sauer- (O_2) 3B
 Roh- 5A
 Stick- (N_2) 3A

Stoß/Stöße m. 8G

Strahl/en m.
 Röntgen- 10E

Strecke/n f. 1B 1D

Strom/Ströme m.
 Elektronen- 6A
 Meß- 8E
 -ausgang m. 7D
 -eingang m. 7D
 -kreis/e m. 4E 6A
 -quelle/n m. 6A
 -richtung f. 6A
 -stärke f. 4F 8A
 -wender/- m. 7D

Studienfach/-fächer n. 1A

Südpol/e m. 7D

Suspension/en f. 3C

Synthese/n f. 3B

T

Tabelle/n f. 1B

Teil/e n.
 Bau- 9D
 Maschinen- 10A

Teilmagnet/e m. 7B

Teilung f. 7B

Thermoelement/e n. 4A

Thermoplast/e m. 5B

Transformator/en m. 2A

treiben, getrieben 2A

Trieb/e m.
 Riemen-, Ketten-, Zahnradtrieb 10C

Turbine/n f. 2A
 Dampf- 2C
 Wasser- 2B

U

Überdruck m. 6G

überein/stimmen 7E
 A und B stimmen darin
 überein, daß ... 7E

Übereinstimmung f. 7E

übertragen, überträgt,
 übertragen 2B 8B 10C

Übertragung f.
 Kraft-selement/e n. 10C

Überzug/Überzüge m. 9B
 Metall- 9B

Umdrehung/en f. 1B 10B
 -sfrequenz f. 1A

Umfang/Umfänge m. 1E
 Kreis- 1A
 -sgeschwindigkeit f. 1A

um/wandeln 2B

Umwandlung/en f. 2C 5A
 Energie- 2D

unbeständig 9A

unedel 9A

ungeordnet 7B

unlegiert 9E

unlöslich 5B

Unterdruck m. 6G

Unterschied/e m. 7E

unterschiedlich 9E

unvernetzt 5C

Ursache/n f. 8E

V

Verbindung/en f. 3B
 chemische - 3B
 Kohlenstoff- 5A
 -sstelle/n f. 6B 7B

Verbraucher/- m. 2C 6A

Verbrennung f. 2D
 -smotor/en m. 2C

verdichten 10A

Verdichter/- m. 10A

Verhalten n. 9E

verknüpfen 5B

Verknüpfung/en f. 5B

Vernetzung f. 5B

verrichten 2B
 Arbeit - 2B

versehen, versieht, versehen 9H
 Werkstücke mit einem Metallüberzug - 9H

verstehen unter, verstanden 1B 3B 3E 7C
 Unter A versteht man B.

Versuch/e m. 6C
 -sbeschreibung/en f. 6C

Verwendung f. 5A 7C

Vorgang/Vorgänge m. 3B
 Einschalt- 7E
 Ausschalt- 7E

Vorschubbewegung/en f. 10B

W

Walze/n f. 9G
 Arbeits- 9G
 Stütz- 9G

Walzwerk/e n. 9G
 Duo-, Trio-, Quarto- 9G

Wärme f. 4A
 -energie f. 10A
 -austauscher/- m. 2C
 -kraftmaschine/n f. 10A
 -messung f. 4A

Wasserkraft f. 2A
 -werk/e n. 2A

Wasserstoff m. (H_2) 3B

weitmaschig 5B

Welle/n f. (Physik) 1B

Welle/n f. (=Maschinenteil) 8B 10C

Werkstoff/e m. 4D 9D
 Dauermagnet- 7C
 -prüfung/en f. 6C

Werkstück/e n. 10A

Werkzeug/e n. 10A
 -maschine/n f. 10A

-wertig 3A

Wertigkeit f. 3A 3B

Wicklung/en f. 4B
 -szahl/en f. 4E

Widerstand/Widerstände m. 4F 6A
 spezifischer - 6F

Windung/en f.
 -szahl/en f. 7A

Wirkung/en f. 6D 8E
 -sgrad m. 2B

Z

zähelastisch 5E

Zahnrad/-räder n. 1B 10C

z.B. (zum Beispiel) 1B

Zeiger/- m.
 -achse/n f. 8B
 -ausschlag m. 8B

zerfressen, zerfrißt, zerfressen 9A
 Das Metall wird -. 9A

zerlegen 3B
 2 H_2O kann in H_2 und O_2 zerlegt werden.

Zerlegung f. 3B 7B

zersetzen 9A

Zerstörung f. 9D

zu/führen 2B
 Leistung, Brennstoff - 2F

zurück/legen 1B 1D
 eine Strecke -

Zustellbewegung f. 10B

zusammen/setzen 7B

Zusammensetzung f. 7C

QUELLENVERZEICHNIS

Die Texte und Abbildungen von FACHDEUTSCH TECHNIK wurden mit wenigen Ausnahmen der EUROPA-Fachbuchreihe mit freundlicher Genehmigung des VERLAG EUROPA-LEHRMITTEL Wuppertal entnommen. Dabei wurden folgende Titel herangezogen:

Fachkunde für Metallberufe. Verlag Europa-Lehrmittel Wuppertal 1981 44. Auflage

Tabellenbuch Metall. Verlag Europa-Lehrmittel Wuppertal 1982 32. Auflage

Fachkunde Elektrotechnik. Verlag Europa-Lehrmittel Wuppertal 1982 13. Auflage

Tabellenbuch Elektrotechnik. Verlag Europa-Lehrmittel Wuppertal 1981 10. Auflage

Fachkunde Kraftfahrzeugtechnik. Verlag Europa-Lehrmittel Wuppertal 1982 19. Auflage

Außerdem wurden mit freundlicher Genehmigung der Verlage Abbildungen und Textausschnitte aus folgenden Werken entnommen:

HEA-Bilderdienst Blatt 1.3.0. Verlags- und Wirtschaftsgesellschaft der Elektrizitätswerke (VWEW) mbH Frankfurt (Main) 1983 und Energieversorgung Ostbayern AG (OBAG) Regenburg (für Lerneinheit 2 S. 16, 17, 27 und Lerneinheit 10 S. 109)

dtv-Lexikon Band 15 S. 214/215. Deutscher Taschenbuchverlag GmbH&CoKG München 1976 (für Lerneinheit 5 S. 58)

Fachdeutsch Technik
Einführung in die Fachsprache der Technik und ihrer naturwissenschaftlichen Grundlagen

Lehrerheft zum Grundbuch
56 Seiten, gh.   ISBN 3-19-011290-8

1 Compact-Cassette
Aufnahme der Hörtexte der Lerneinheiten 1-10
Stereo, 57 min.   ISBN 3-19-021290-2

Text- und Übungsheft Metallberufe
72 Seiten, mit Fotos und Zeichnungen, gh.   ISBN 3-19-031290-7

1 Compact-Cassette
Aufnahme der Hörtexte der Lerneinheiten 1-5
Stereo, 58 min.   ISBN 3-19-041290-1

Text- und Übungsheft Elektroberufe
72 Seiten, mit Fotos und Zeichnungen, gh.   ISBN 3-19-051290-6

1 Compact-Cassette
Aufnahme der Hörtexte der Lerneinheiten 1-5
Stereo, 58 min.   ISBN 3-19-061290-0

Max Hueber Verlag · München